編集部とつくる 動画・イベント・商品が大反響！

雑誌広告2.0
MAGAZINE DRIVEN
TARGET INSIGHT / STORY TELLING / INFLUENCER MARKETING

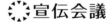 宣伝会議

はじめに

**雑誌の編集力が、誌面の枠をはみ出して、
広告・コミュニケーションを、もっと面白くする。**

特定の趣味・嗜好を持った人たちを集め、コミュニティを形作る。
その求心力こそ、雑誌が持つ魅力のひとつです。

コンテンツ発信の場は紙だけでなく、オンラインの世界にも広がっており、
読者のインサイトを深く理解した編集者が生み出すコンテンツは、
思いもよらない驚きや共感をもたらし、メディアの世界で独自の輝きを放っています。

明確な読者ターゲットが存在すること。
これが、不特定多数を読者にした新聞やキュレーションサイトとの大きな違いです。

熱量の高い読者コミュニティを有する雑誌には、広告主も集います。
その雑誌が持つ世界観、文脈の中で、商品やサービスの存在価値を語ることで、
読者に深い理解をもたらすことが、データでもわかってきました。

雑誌ならではの編集力や、キャスティング力、モデル、読者組織といった資産は、
これまでも、雑誌の中に掲載される編集タイアップ広告づくりに活かされてきましたが、
雑誌と広告主のタッグの組み方は、それだけではありません。

雑誌コンテンツの世界観をもとに、広告主のイベントや動画をプロデュースしたり、
編集長と共に商品を開発したり、企業のオウンドメディアを作ったりするケースもあります。
従来の雑誌メディアの使い方が「1.0」だとすると
「雑誌広告2.0」と言える進化が起きています。
雑誌の編集力が、誌面の枠からはみ出てくると、広告は、もっと面白くなるのです。

特に、大量生産・売上拡大路線よりも、顧客維持やロイヤルティ向上に重きを置き始めた
広告主は、雑誌の特性をよく理解し、雑誌コンテンツを活かしたマーケティング活動を上手に行っています。

本書では雑誌コンテンツを活用したマーケティング事例をふんだんに紹介しています。
また、編集者がどのように読者インサイトをつかんでいるか、
マーケターが雑誌メディアの価値をどのように評価しているかについても収録していますので、
メディアプランのヒントになるはずです。

本書をきっかけに、新たな雑誌コンテンツ活用事例が生まれることを願っています。

▶ 目次

003 ▶ はじめに

CHAPTER 1　読者に深く寄り添う雑誌のメディア価値　009

010 ▶ 雑誌と組んでファンを呼び込む　デジタル時代の雑誌メディアの使い方
　　　日本たばこ産業 パブリックリレーション部長 佐藤圭 氏／資生堂ジャパン メディア統括部 平池綾子 氏

014 ▶ 人を動かすことに秀でたメディア　「ミドルファネル」における雑誌の役割
　　　電通 出版ビジネス・プロデュース局 出版業務推進部 中村一喜 氏

022 ▶ 熱量の高い「コミュニティ」　どのように生まれているか
　　　『ニコラ』小島知夏 編集長（新潮社）／『日経ビジネス』東昌樹 編集長（日経BP）

027 ▶ 掲載すると商品が動く、その理由は？　情報受容度の高い読者と雑誌の関係
　　　『エクラ』長内育子 編集長（集英社）

CHAPTER 2　雑誌×デジタル・イベント・商品開発　広告主の雑誌活用事例　029

030 ▶ 雑誌コラボ手法の広がり

インサイトをつかんだ、深く刺さるコンテンツで行動促進したい

034 ▶ コーセー「ヴィセ」×講談社『ViVi』
　　　専属モデルと人気俳優を起用したラブストーリー動画が拡散

036 ▶ ポケモン『ポケモン GO』×ハルメク『ハルメク』
　　　読者の声から商品の訴求ポイントを発掘　イベント実施やガイドブック作成も

038 ▶ 愛知ドビー「バーミキュラ ライスポット」×光文社『VERY』
　　　Instagramアカウント「Cooking VERY」を開設　毎日使える調理器具を訴求

040 ▶ アサヒ飲料「カルピス」×ベネッセコーポレーション『サンキュ！』
　　　お手伝いできる子になってほしい　母親読者のインサイトをついた誌面づくり

042 ▶ リベル・エンタテインメント『A3!』×マガジンハウス『anan』
　　　ここでしか手に入らない　ファン垂涎のコンテンツで拡散

044 ▶ 幸楽苑「極上中華そば」「豚バラチャーシューめん」×小学館『幼稚園』
　　　実物そっくり　驚きのある知育付録でコラボ

046 ▶ 東急プラザ銀座×光文社『STORY』
　　　ファッションフロアへの集客をプロデュース

048 ▶ セイコーウオッチ「グランドセイコー」×CCCメディアハウス『Pen Online』
　　　特設サイトの連載コンテンツを軸に店頭、折込、DMへ活用

050 ▶ イオン トップバリュ「強靭スーツ」×宝島社『MonoMax』
　　　ビジネスウェアの価値を品質検査や専門家の声で裏打ち

052 ▶ COLUMN　デジタル時代のファンコミュニティマーケティング
　　　港区おじさんファンミーティング（東京カレンダー）

雑誌のネットワークを活用した注目度の高い取り組みで、ユーザーの関心を高めたい

054 ▶ Honda、ユニクロ、日本コカ・コーラ、森永製菓×集英社『週刊少年ジャンプ』
　　　創刊50周年を盛り上げる人気キャラクターのコラボ企画

056 ▶ プリモ・ジャパン「アイプリモ」×『with』『ViVi』『JJ』『ar』『sweet』
　　　女性誌5誌連動　モデル・女優がブライダルジュエリー店舗を訪問

058 ▶ ニコンイメージングジャパン「D7500」×枻出版社『Surftrip JOURNAL』
　　　『RETRIEVER』『BiCYCLE CLUB』『フィールドライフ』
　　　媒体に即した4つのアウトドアシーンで動画と誌面、サイトを作成

060 ▶ ソフトバンク「ワイモバイル」×新潮社『ニコラ』
　　　雑誌モデルを起用し、クラブを結成　本誌、動画、リアルイベントを展開

062 ▶ ロエベ ジャパン×ハースト婦人画報社『エル・ジャポン』
　　　雑誌、付録、ムービー、交通広告、書店イベントのフル展開

064 ▶ 資生堂「アクアレーベル スペシャルジュレ」×集英社『LEE』
　　　インフルエンサーのInstagram投稿　動画の外部配信で拡散

066 ▶ 日本マクドナルド「グラン」×東京カレンダー「東京カレンダーWEB」
　　　シズルのある動画で反響大　WEBからテレビCMへ二次活用

068 ▶ バナナ・リパブリック×小学館『Oggi』『Domani』
　　　人気エディター、スタイリストのコーディネートで店頭、ECへ集客

070 ▶ ソニー「It's a Sony 展」×マガジンハウス『POPEYE』
　　　編集部が展示をプロデュース　展示内容を深めたタイアップ記事も掲載

072 ▶ フォルクスワーゲン×スイッチ・パブリッシング『SWITCH』
　　　雑誌の切り口で冊子を制作　車にまつわる物語

074 ▶ 三菱地所グループ×文藝春秋 月刊『文藝春秋』
　　　写真家と作家による連載シリーズでブランディング

076 ▶ ファンケル「アクティブコンディショニングEX化粧液」×『東京タラレバ娘』
　　　漫画コラボで新キャラクターも開発

078 ▶ Twitter JAPAN「Twitter」×小学館『DIME』
　　　雑誌恒例企画の資産を活かして話題性のあるキャンペーンに

080 ▶ COLUMN　3メディアで広告主のサイトを更新
　　　サッポロビール「赤星★探偵団」×講談社

雑誌コラボでユニークな商品を開発したい、オウンドメディアをつくりたい

082 ▶ ZOZO「ZOZOTOWN」×マガジンハウス『BRUTUS』
「夢を叶える」アイテムを開発して大特集　ECサイトで購入できる仕掛け

084 ▶ タカラトミー「リカちゃん」×光文社『VERY』
母親が子どもと一緒にお人形遊びをしたくなるリカちゃんの開発

086 ▶ トッズ×小学館『Precious』
雑誌の周年企画に合わせ、理想のコラボアイテムを開発

088 ▶ 花王「フレア フレグランス IROKA」×コンデナスト・ジャパン『VOGUE JAPAN』
ビジュアル開発をアドバイス　商品の世界観を伝える

090 ▶ パナソニック「J コンセプト」×小学館『サライ』
アクティブシニア層が乗りたいと思える電動アシスト自転車の開発

092 ▶ カーサプロジェクト「カーサカリーナ」×宝島社『リンネル』
暮らしの心地よさを軸に住宅全体をプロデュース

094 ▶ 住友商事×リンクタイズ『Forbes JAPAN』
ブランドイメージを高める冊子で新卒採用を円滑に

096 ▶ ブランディングやイメージ醸成に効果を発揮する純広告
キユーピー／帝国ホテル／三和酒類／トゥルースピリットタバコカンパニー／味の素／オリックスグループ

CHAPTER 3 関心を集め、人を動かす編集力 099

100 ▶ 今のママがどう行動したいか　リアルな日常に即した提案
『VERY』今尾朝子 編集長（光文社）

104 ▶「誰もやっていないこと」を目標に掲げて広告主と一緒にカタチにする
『BRUTUS』西田善太 発行人・編集長（マガジンハウス）

108 ▶ ターゲットは流行を生むSNS世代　企業と新しいことに挑戦したい
『ViVi』岩田俊 編集長（講談社）

112 ▶ 属性のわかるシニア定期読者を深く分析　広告の閲読、関心度を向上
『ハルメク』山岡朝子 編集長（ハルメク）

116 ▶ 日々の暮らしを大事に　雑誌の世界観を活かしたコラボが続々
『リンネル』西山千香子 編集長（宝島社）

120 ▶ ブレない姿勢でコア読者が信頼　誌面、イベントで高額商品が動く
『Safari』榊原達弥 発行人・編集長（日之出出版）

124 ▶ 読者の「違和感」をつぶして次号を期待するファンを生む
『dancyu』植野広生 編集長(プレジデント社)

128 ▶ 古くからある上質なものを、タイムリーに掘り下げ、好奇心旺盛な読者をつかむ
『サライ』小坂眞吾 編集長(小学館)

132 ▶ 読者の実像から離れず元気でラクになれる提案に共感
『レタスクラブ』松田紀子 元編集長(KADOKAWA)

136 ▶ 世の中の動きに敏感に対応した記事、アスリートを応援する広告に反響
『Sports Graphic Number』宇賀康之 編集長(文藝春秋)

140 ▶ COLUMN　メディアのファンをマーケティングに活かす　読者とつくる「信頼残高」が価値に
ADKマーケティング・ソリューションズ 事業役員データインサイトセンター長 沼田洋一 氏／
電通 出版ビジネス・プロデュース局 中村一喜 氏／MERY BRAND STUDIO部長 青木秀樹 氏

CHAPTER 4　デジタル時代の出版コンテンツのこれから　143

144 ▶ 雑誌の価値を可視化する
講談社 ライツ・メディアビジネス局 局次長 長崎亘宏 氏

149 ▶ 雑誌公認インフルエンサーのマーケティング活用
集英社 広告部デジタルプロデュース課 川上慎太郎 氏／「マキアオンライン」プロデューサー 大竹拓真 氏

152 ▶ 編集者視点のメディアプランニング
ハースト婦人画報社 エル コンテンツ部 エル・オンライン編集部 コンテンツ マネージャー 安楽城 誉子 氏

155 ▶ 雑誌が担う役割と出版社のこれから
マガジンハウス 代表取締役社長 片桐隆雄 氏

付録

159 ▶ 雑誌の基礎
172 ▶ 雑誌広告の基礎
180 ▶ 電子雑誌、デジタル広告の状況
183 ▶ 出稿計画の立て方
186 ▶ 用語集

192 ▶ 文化の発展を支え続ける、雑誌だからこそ伝えられることがある
日本雑誌協会

193 ▶ 雑誌と雑誌広告に変化の兆し。今こそ底力を見せる時だ！
日本雑誌広告協会

CHAPTER 1

読者に深く寄り添う雑誌のメディア価値

大量生産・大量消費を前提としたマーケティングが効きづらくなる中で、セグメントされたターゲットに深く刺さるマーケティングを実施したい広告主は、読者ファンが付いているターゲットメディアである雑誌を、うまく活用しています。また雑誌は、イベントの開催やデジタルでの動画発信など、読者ファンとの接点を広げる動きをしています。「2.0」へと進化する雑誌メディアの資産、強みをあらためて整理し、「人を動かす」メディアの実態をレポートします。

雑誌と組んでファンを呼び込む
デジタル時代の雑誌メディアの使い方

読者コミュニティを有する雑誌は、広告主に向け様々なソリューションを提供するようになっている。雑誌発の動画、雑誌発のイベント、電子雑誌の広告、読者インフルエンサーの活用など、広告主の雑誌メディアの使い方にも変化が起きている。雑誌広告を長年活用しマーケティング活動を行っている、日本たばこ産業のパブリックリレーション部長佐藤 圭氏、資生堂ジャパンのメディア統括部メディアバイインググループ・グループマネージャー平池 綾子氏(いずれも日本アドバタイザーズ協会 雑誌委員会メンバー)に、雑誌メディアの活用の仕方やプランニングにおける課題について聞いた。

回答者

日本たばこ産業
パブリックリレーション部長
佐藤 圭氏

資生堂ジャパン
メディア統括部
メディアバイインググループ
グループマネージャー
平池 綾子氏

広告主の立場から、現在の雑誌メディアをどうとらえていますか？

→デジタルシフトの過渡期、だからこそ新たな取り組みに挑戦できる

「紙媒体としての雑誌全体の発行部数は減少し、マーケットは縮小傾向。このような環境の中でも、活気のある雑誌にはブランド力があります。一方『dマガジン』などの読み放題サービスはユニークユーザー数が継続的に伸びており、若年層への重要な接点としての期待が高まってきました。発行部数よりも電子雑誌のUU数のほうが多い雑誌もあります。日本ABC協会が、雑誌の公式サイトのUU数、SNSファン数を発表するなど、雑誌広告の活用に向けた、新たな動きも起きています。デジタルシフトの過渡期にあるからこそ、広告主も新しい取り組みに挑戦できると思います」(佐藤氏)

『2018年 日本の広告費』(電通)によると、マス4媒体由来のデジタル広告費のうち、雑誌の規模は337億円と最大。これは他マス媒体と比べ出版社が早くからデジタルに取り組んできたこと、雑誌の情報がインターネットとの相性が良いこと、雑誌コンテンツの質の高さを表しています。また読み放題サービスの伸長で、雑誌が若年層にもリーチしていくことを期待しています。ページをめくりながら読む電子雑誌は、広告についても1冊の文脈に沿って自然に読んでもらえる点が魅力。デジタル版で得た閲読状況のデータから得たラーニングを本誌に反映することも今後できるのではないでしょうか」(平池氏)

 他のメディアと雑誌メディアの違いは?

→読者のエンゲージメント力が高く、態度変容を起こせる

「雑誌には人格があり、イメージの統一性があります。雑誌が推奨する商品に対する読者のエンゲージメント力は高く、読者が憧れを抱いたり、『自分のもの』という愛着を抱いたりしやすいのが特徴。読者にとって雑誌は、信頼している友達のような感覚があります。読み放題サービスで読まれた場合でもそれは変わりません。若年層にアプローチしやすい運用型インターネット広告が不適切なページに配信されるリスクなどの課題もある中で、雑誌広告はターゲットも見え、信頼性が高いと言えます」(佐藤氏)

「生活者の興味・理解を促進し、購入につながる態度変容を起こすパワーを雑誌は持っています。雑誌はセルフペイドメディアであり、お金を払ってでも情報を得たいという読者がいるのが強み。昨今、商品やサービスを一定期間利用できる『サブスクリプション』方式のビジネスモデルが注目されていますが、雑誌の定期購読は、その先端を行っていた仕組み。ファンマーケティングにも通じます。また誌面における写真やレイアウトの美しさ、紙の手触りなど五感を刺激するコミュニケーションは、デジタルにはないものです」(平池氏)

マーケティングにおける雑誌の使い方はどう変化していくでしょうか？

→読者との密な関係性を活用、立体的にイベントやデジタルを掛け合わせる

「どの雑誌に、何ページで、どの時期に広告を出すか、を決めることに重きが置かれていた、従来の雑誌広告の使い方からずいぶん変化しています。雑誌と個別に組み、立体的にイベントやデジタルを組み合わせ、読者にあわせた広がりのあるエンゲージメント型のコミュニケーションが強化されました。出版社側も、『やりたいことを言ってください、提示できるメニューも出します』というスタンスに進化しています。また、動画活用についても、スキルが高い出版社と組むと、読者に響く動画を安価に制作でき、適切なターゲット読者による視聴数も期待できます」（佐藤氏）

「編集タイアップは、雑誌とそのファンである読者の密な関係性を活用してメッセージを伝えられることが最大の強みですが、ともすると出稿する側のマーケティング目標が優先されてしまい、どの雑誌でも同じキーワードが掲載され、判を押したように同じレイアウトになってしまう事例が見受けられます。写真の撮り方、モデルの選び方、レイアウト、読者に響く言い回しなどを雑誌の個性を鑑みて編集部にある程度任せる度量と、訴求したいポイントがブレずに伝わり構成に反映されるような明確なオリエンが、依頼する側に求められると思います」（平池氏）

 雑誌広告を活用するにあたり、課題は？

→個別化しているがゆえに、プランニングがしにくい

「例えばテレビのキャンペーンの場合、ターゲットや予算から、最適な出稿プランを作成し、認知率やブランドリフト、売上予測や、コスト効率の計算などがある程度システム化できています。一方雑誌の場合は、各雑誌のデータを統合して自社に最適な媒体を選びだすようなプランニングのシステムがなく、トータルのプランニングに入りづらい状況があります。その背景には、雑誌の読者が複雑に重複していること、雑誌ごとにコミュニケーションソリューションが異なり、雑誌広告が様々な方向に拡張したがゆえに共通で評価する指標がないことがあります。

広告宣伝の担当者は雑誌の価値を分かっている。でもなぜその雑誌か？人の心に何をどのくらい残せるのか？を説明することが難しく、活用に自信が持てないのではないでしょうか」(佐藤氏)

「紙やインクなどの資源を使うエコの観点、雑誌によってサイズが異なりそれぞれに広告素材を作らなくてはいけない点、複数の雑誌で統合的なコミュニケーションを立案しづらく、他媒体とも広告効果を比較しにくい点は、課題だと思います」(平池氏)

 広告主は今後雑誌メディアをどのように使っていけばいいのでしょうか？

→豊富にあるコンテンツや編集力をいかに使うかが問われる

「出版社にコミュニケーション課題を提示して提案を求めると、様々なプランが出てきます。そこで、個別のプランについて検討するのが通例ではありますが、私は全体のプランニングを出版社に少し任せるほうが上手くいくと感じています。信頼できる広告の窓口となる担当者が見つかれば、広告主の実現したいことを雑誌広告の枠組みを超えて提案してくれるようなこともあるでしょう。そのためには、広告主が過去の事例を知るのはもちろんのこと、各雑誌、出版社の特徴や新たな展開の動きをつかんでおく必要があります。広告会社には、このような役割、メニュー化やパッケージ化の推進に期待したいところです。

そもそも、どの雑誌と組むかについては、広告主側が幅広い知識をつけておかないとプランニングできないのが現状。雑誌広告は活用する側の能力も問われます」(佐藤氏)

「雑誌に登場するモデルをインフルエンサーとしてSNS上で活用したり、雑誌とコラボレーションしたオリジナル商品をECで販売する、あるいは雑誌をブランドとして外部のデジタルコンテンツを制作するなど、収益化できるコンテンツや編集力を豊富にもっていることに着目し、新しいタイアップの取り組みによって雑誌とWin-Winの関係を築けるかどうかが鍵となると思います」(平池氏)

次ページより雑誌のメディアパワーについて、より詳しく見ていきます。

人を動かすことに秀でたメディア「ミドルファネル」における雑誌の役割

出版不況と呼ばれる状況が続くものの、雑誌の価値が衰えたわけではない。デジタル時代の現在、その役割として何を担っているのか。販売部数だけでは見えてこない雑誌の価値・魅力を電通 中村一喜氏に聞く。

「理解・興味・購買意向」の促進に強い雑誌

　デジタル環境の著しい進化に伴って、消費者が多様化し、コミュニケーションが複雑化していると言われて久しくなりました。そもそも企業にとってコミュニケーション活動の目的とは何でしょうか。それが言語的であれ、非言語的であれ、はたまた広告的でも、PR的でも、あらゆるコミュニケーション活動の目的は「人を動かす」ことにあると言えます。その前提があった上で、雑誌の販売市場規模の推移をご覧ください〈図1〉。

　ご覧いただくとお分かりの通り、市場は右肩下がりと言えます。誤解を恐れず

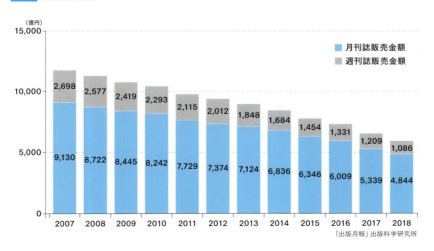

図1　出版販売動向

「出版月報」出版科学研究所

に言うならば、雑誌をマスメディアとして捉え続けるのは難しい状況になってきています。つまり従来型の部数を指標としたメディアパワーで考えると、雑誌の影響力が減少していると言われても仕方のない状況です。それにもかかわらず、本書は、雑誌の徹底活用を推奨します。その理由は、雑誌が「人を動かす」ことができると考えているからです。メディアパワーは減少しているのに、「人を動かす」とはどういうことなのでしょうか？　そのキーワードは「ミドルファネル」です。

マーケティングのパーチェスファネルには、アッパー（認知）／ミドル（理解・興味・購買意向）／ロウワー（購入）の3段階のファネルがあります。従来のメディアとしての雑誌の役割は、アッパーファネルにありました。つまり、雑誌はマスメディアとして存在し、部数という指標のもとに、そこにある広告効果としては商品認知の最大化が期待されていました。

その雑誌の市場規模の縮小が続く反面で、急激に成長しているのがデジタルメディアです。単に認知を獲得するだけではなく、効率的に獲得していくというアッパーファネルの役割においては、デジタルメディアの右に出るものはないでしょうし、雑誌がその役割を補完することはできないでしょう。そこで注目したいのがミドルファネルなのです。

昨今の広告市場において、最も予算が割かれているカテゴリのひとつに、運用型のデジタル広告がありますが、その役割は認知を効率的に獲得するアッパーファネルと、購買に効率的に結び付けるロウワーファネルにあります。一方で、「人を動かす」ことを考えたときには、商品への理解・興味・購買意向を促進するミドルファネルを決してないがしろにしてはいけないのです。

なぜなら、このミドルファネルでのコミュニケーションをいかに丁寧に行うかで、企業にとって（中長期的な目線での）顧客のライフタイムバリュー（顧客生涯価値）に大きな変化がもたらされるからです。そして、そのミドルファネルにこそ、雑誌の役割があります。

また、その活用に際しては、雑誌を従来型のメディアとしてだけでなく、コンテンツ・マーケティング・ブランドソリューションといった側面でも捉えてみることが重要です。なぜならば、ミドルファネルを構成する要素である理解・興味・購買意向を促進することは、多様化している消費者に「態度変容」を起こさせるという極めて困難なことであるからです。

セグメントされた読者がいる雑誌メディアに広告を載せることで一定の効果は

図2 雑誌の役割＝ミドルファネルを太くする

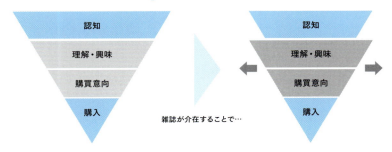

得られるかもしれませんが、最近人気が出てきた連載企画とコラボしてみたり（コンテンツ視点）、編集者が持っているインサイトでコミュニケーションメッセージを開発してみたり（マーケティング視点）、信頼ある雑誌のお墨付きを店頭で活用してみたり（ブランド視点）、コミュニケーションが複雑化している今だからこそ、メディア⇔コンテンツ⇔マーケティング⇔ブランドソリューションと、その姿形をフレキシブルに変えることのできる雑誌を、企業活動のあらゆるフェーズで徹底活用することで、ミドルファネルが強く、太く育っていき、結果として「人を動かす」というコミュニケーションの目的が達成されやすくなるのです。その具体的な活用方法は後章に譲るとして、ここではなぜ雑誌に人を動かす力があるのかを紐解いていきたいと思います〈図2〉。

インサイトの把握とストーリー構築に優れた編集者

　雑誌を語るときに欠かせないのは編集者の存在です。そしてこの編集者こそが人を動かすための原動力のすべてと言っても過言ではないと思います。近年のデジタル時代において、プラットフォームメディアやキュレーションメディアの規模が大きくなればなるほど、扱うジャンルや情報が特化されたメディア「バーティカルメディア」の有用性が唱えられるようになりました。なぜなら、そこで扱われる情報に対して一定のニーズをもち、セグメントされたユーザーが集まるバーティカルメディアは、広告主にとっても広告投資先としてわかりやすいからです。

そこで思い起こしてほしいのが、雑誌こそが元来のバーティカルメディアであるということです。雑誌の編集者たちは、その雑誌が扱うジャンルやターゲットがセグメントされた読者のことを常に考え、必要な情報を集め、編集し、メディアとして発信し続けています。雑誌の編集者である以上、寝ても覚めてもターゲット読者のことを考え続ける、いわば研究職とも言える編集者のこの知見は、人を動かすために最も重要な「インサイト」というリソースになっています。

つまり雑誌編集者はインサイト把握力に長けており、その結果としてインサイトホルダーなのです。インサイトは「それわかる！」「そういうことあるよね！」という人にとっての共感を呼び起こすための素材であり、この鮮度が高ければ高いほど、多くの共感を生み、その結果として人が動くことになります。

インサイトを、共感を呼び起こすための「素材」と表現したのには訳があります。インサイト（共感の素材）をそのまま提供することも可能なのですが、結果としてより多くの人を動かすために、ストーリー（物語）という形に調理して提供することが望ましいからです。食材が素材そのもので提供されるよりも、工夫や創作が施された料理として提供される方がはるかに記憶に残るのと同じように、インサイトがストーリーとして提供されたときに、多くの人の心に根付きやすいのです。そして、これこそが今注目されるストーリーテリングという手法の正体だったりするのですが、それも雑誌が従来、得意としてきた表現手法そのものなのです。

つまり、雑誌編集者はストーリー構築力にも長けているということです。既述の通り、編集者はターゲット読者のことを常に考えています。読者が何歳か、どんな職業に就いているか、どこに住んでいるか、どういったライフスタイルを好んでいるのか、といったペルソナを詳細に描くことが重要なひとつの仕事であるため、その裏にある数多くのストーリーを、しっかりとしたインサイトを伴った状態で持ち合わせているのです。

例えば、おいしいご飯が炊ける炊飯器があるとします。そこには、炊飯器の構造などの製品性能が優れているため、おいしいご飯が炊けるという事実があります。それをそのまま伝えることで、商品を購入してくれるお客様もいらっしゃることでしょう。一方で、製品性能を訴求するだけでは、なかなか心を動かせないお客様もいらっしゃいます。そんなときに「ある日から子供たちがたくさんご飯を食べてくれるようになった。簡単なおかずでも文句が出ない。それは、ご飯を味わ

図3 雑誌的ストーリーテリングが共感を生む

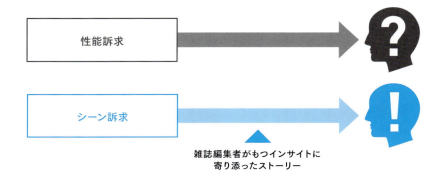

うようになったから。おいしく炊ける炊飯器は、忙しい朝に大活躍の強い味方になった」というストーリーで伝えてみるとどうでしょうか。忙しい朝の1分1秒はとても貴重であるというインサイトと、そのインサイトに寄り添った炊飯器のストーリーが、製品性能の訴求とは違った共感を生むことは納得していただけると思います。こういった具体的なシチュエーションで、その製品がどう活躍するかを描くコミュニケーション手法はシーン訴求と言われており、雑誌的ストーリーテリングの真骨頂なのです〈図3〉。

雑誌ブランドファンの有用性

出版社が持つリソースでもう一つ重要なものがあります。それは「雑誌ブランドファン」です。雑誌ブランドファンとは本誌の読者であり、WEBメディアのオーディエンスであり、SNSのフォロワーの方々のことを指しますが、このファンはマーケティング対象として非常に価値があると言えます。

雑誌ブランドファンと一般ユーザーとの比較において最も注目すべきは、情報の接取態度です。雑誌ブランドファンはその雑誌が発信する情報を「新しい提案」として受け入れる受容度が非常に高いのが特徴です。雑誌を読んでいるときと、何の気なしにインターネットサーフィンをしているときの心持ちの違い、それは、言うなれば「旅行」と「近所の散歩」くらいの違いがあるのではないかと思います。旅行中はその土地で出会う人やモノに対する感度も非常に高まり、心が動くタイ

ミングや時間が多くなりますよね。それは、近所へ散歩に出かけているときとは圧倒的な違いがあると思います。それと同様で、雑誌ブランドファンはその雑誌メディアから発信される情報への受容度が高く、気持ちも新しい提案を待ち望んでいる状態、つまり心が動きやすい状態なのです。

　この情報の受信者としての価値検証データを一つご紹介します。雑誌『CanCam』の公式Instagramのフォロワー／非フォロワーに対して、広告動画を視聴してもらい、その前後で当該商品に対する好意度などのブランドリフト数値を計測したところ、フォロワーと非フォロワーに大きな差が出ました〈図4〉。

　つまり、情報受信者としての雑誌ブランドファンは広告受容度が高く、マーケティングターゲットとして有効と言えるのではないかと考えます。

　また、多くの雑誌が、そのファンで結成される読者組織を抱えていますが、こ

図4　CanCamの公式Instagramフォロワー、非フォロワーにおける広告動画視聴後の変化

※非フォローの数値を「1」として比較（電通調べ）

の読者組織は情報発信者として積極的に活用するべきでしょう。読者組織の一人ひとりが、その雑誌ブランドの体現者であるため、その読者組織を通じて発信される情報も（同じ雑誌ブランドのもとに集まる雑誌ファンだからこそ）、一定の信頼性をもって受け入れられます。一般のインフルエンサーとは違い、雑誌ブランドという共通の傘があるからこそ、その情報に宿る熱量が違うことがポイントです。つまり、雑誌ブランドの体現者である読者組織から発信される情報は、信頼性と熱量を伴っていて、その結果として共感が生まれ、人を動かすことができるのです。

このように、雑誌ブランドファンは情報の発信者としても受信者としても可能性に満ちているのです。

購買意向度が変化した！

ここまで説明してきたように、雑誌は人を動かすことができます。その原動力の一つは編集者であり、編集者には「インサイト把握力」と「ストーリー構築力」が備わっています。そしてもう一つが雑誌ブランドファンであり、情報受信者としての雑誌ブランドファンは情報受容度が高く、一方で情報発信者としての雑誌ブランドファンによって発信される情報には「信頼性」と「熱量」が備わっています。その結果、雑誌メディアで紹介されている製品への理解度や購買意向度が変化する（ミドルファネルが太く育つ）ため、人が動くという流れです。

では、それを数値化するとどの程度のインパクトになるのでしょうか。ここでは、編集者が制作した記事の効果をご紹介したいと思います。出版社のWEBメディアを使って某ヘアケア商材でタイアップ広告を実施した際に、電通が実施した調査結果によると、タイアップ接触者と非接触者の商品理解度に約3.6倍の差、購入意向度に約3.0倍の差が数値で表れました。メディアのユーザーと当該商品との親和性が高かったことも要因ではあると思いますが、それを差し置いても極めて高い効果と言えるでしょう。出版社が作る、インサイトが伴ったストーリーというコンテンツの質があるからこそなせる結果だと思います〈図5〉。※調査はウェブタイアップページ接触者と非接触者に対して同じ設問のアンケートを実施し集計を行ったもの。

読者目線で考えたときに、このように多くの共感を与えてくれる雑誌に対する

図5 タイアップ広告接触者、非接触者における商品理解度、購入意向度の差

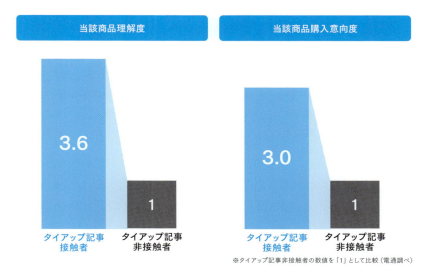

※タイアップ記事非接触者の数値を「1」として比較（電通調べ）

信頼度やロイヤルティが高まっていくのは自然な流れといえるでしょう。その信頼やロイヤルティが、雑誌そのもののブランド力として醸成されていき、そのブランドのフィルターを通して、読者にコミュニケーションをすると、また共感が生まれ、人が動くという循環が出来上がっているのです。

中村一喜
電通 出版ビジネス・プロデュース局 出版業務推進部

2005年電通入社。入社以来、一貫して出版リソースを活用した企画開発および事業開発業務に取り組み、近年は主に出版デジタルを活用した広告主の課題解決に従事。

熱量の高い雑誌「コミュニティ」 どのように生まれているか

生活者の周りに情報が溢れる中、企業は、商品への興味を促すためコミュニティ別の深いコミュニケーションを重視しつつある。一方、雑誌を起点に情報受容度の高いファンを生み出している編集部では、デジタルやイベントによって交流を行い、コミュニティの熱量を高めている。雑誌がどのようにコミュニティをつくっているのか、その実態やコミュニティの活用について紹介する。

01 女子中学生へ特別な体験を提供、一生のファンをつくる
『ニコラ』編集部（新潮社）

ニコラモデルに憧れて雑誌を熟読

　1997年に創刊した新潮社の『ニコラ』のターゲットは、女子中学生を中心に、小学校高学年から高校1年生くらいまでのローティーン。中学生向け競合誌が休刊する中、2017年に女性ティーンズ誌の販売部数No.1となり読者の支持を集めている。彼女たちが『ニコラ』を購読する目的は、「専属モデル『ニコモ』が好きだからという理由が圧倒的に多い」と編集長の小島知夏氏は話す。毎年、オーディションで選ばれる「ニコモ」は、これまで新垣結衣さんや川口春奈さんをはじめ、人気女優やタレントを多数輩出してきた。読者にとって「ニコモ」は憧れであり、同世代として共感しやすい存在だ。「読者が知りたいのは、ニコモが何に興味・関心を持っているかです。同じファッションの企画でも『ニコモが着たい』『ニコモの私服』といったものが読者には受け入れられ、店頭でも商品の売り上げが伸びたという話をいただきます」と小島編集長。

　「ニコモ」の関心ごとを企画に活かすため、編集部では毎月ニコモにアンケートをとる。その量は、モデルひとり当たりA4サイズ40枚近くにのぼる。「記述式もあれば、コーディネートや髪型の絵を描いてもらうアンケートもあり、ニコモは一生懸命協力してくれています」（小島氏）。誌面の情報量は多く、ボロボロになるまで熟読する読者もいる。中学生の携帯保有率は6～7割、読者にとって雑誌

は重要な情報源だ。「『ニコラ』の定価は500円ですが、一般的な中学生のお小遣いが月1500円くらい。決して安くはありません。隅々まで誌面を読んでいるのが、手紙や電話の問い合わせでもわかります。読者の期待に応えられるよう、1冊で長く楽しめる、読み応えのある誌面づくりを意識しています」と小島氏は話す。読者から届く、とじ込みアンケートの回答は月3000通。「自分の意見を聞いてもらいたい」と考える読者がぎっちりと想いを書き込む。アンケートの結果は誌面に活かされ、ファンを逃さない。「クリスマスに関する企画は、12月発売号で扱うことが通例でした。ところが、アンケートで11月には何をもらうか考えていることがわかり、11月発売号でクリスマスに欲しいもの特集を実施したところ、大きな反響がありました」(小島氏)。

読者が集まる体験イベント

『ニコラ』では、読者が憧れのニコ㋲に会える「開放日」と呼ばれるイベントを行う。1000名規模で毎年3月に開催する大型の「開放日」のほかに、月1回会議室で行う「ミニミニ開放日」もあり、抽選で選ばれた読者が集まって、ニコ㋲と遊んだり、スナップ撮影したりして楽しむ。編集部にとっては読者から直接話を聞く機会であり「付録を読者に直接見せ、体験してもらうこともあります。例えばリップなら、実際に塗ってもらい、色や匂いについて感想を聞き、良いものを厳選しています」(小島氏)。

「開放日」には企業もブースを出展しリサーチなどを行う。『ニコラ』がスポンサーと組んで行う読者イベントもある。例えばロート製薬では、全国に出向いてニコラ読者にスキンケア体験をしてもらう「出張開放日」を行ってきた。(2019年7月現在8エリア実施済み)

「ロート製薬さんは中学生市場に対して意識が

「東京開放日」には抽選で1000人が招待される。

ロート製薬と組んだ「肌ラブ出張開放日」は全国で開催。

強く、読者を会場となるホテルに招きます。読者はスイーツを楽しんだり、ニコ㋲と一緒に正しいスキンケアを体験したりして、最後にはロート製薬の(体験した)商品ももらいます。モデルにも会ったことのない中学生読者にとっては特別な体験です。エントリー層にスキンケアの大切さを理解してもらえますし、楽しく学ぶことで、おそらく一生ロート製薬ファンでいてくれるはずです」(小島氏)。

　ワイモバイルも『ニコラ』と組んで、モデルと撮影できるイベントを開催している企業の一つ。スマホを初めて所有するタイミングは読者世代と重なる。「イベントの参加条件は保護者同伴。読者はモデルに会いたいので、親を一生懸命説得してきてくれます。ブースで、親子一緒に価格などのメリットの説明を受けるので、その場で、親の分も含めて即契約、ということも起きています」(小島氏)。未来の顧客を開拓したい広告主にとって、中学生読者が集まるリアルイベントは、コミュニティに合わせたマーケティング活動を行う機会になっている。(➡事例60ページ)

　『ニコラ』ではYouTubeのチャンネルで動画を配信するほか、LINEやTikTok、Instagram、Twitterも行う。「接点が1カ月に一度というのは、今の世代の読者にとっては遅いサイクル。発売日を忘れられないように、ソーシャルメディアを活用して『今月号のこの内容はみんな見たかな？』と問いかけています。それも、ただ編集部が発信するのではなく、ニコ㋲がコメントを発信することで、より読者の関心を集められるようにしています」と小島編集長。デジタルやイベントと、読者との接点を広げ、読者コミュニティを活性化しながらも、その中心には雑誌がある。

　「読者は動画も画像も、スマホの小さな画面で見ています。それに対して一目で大きく見られるのは雑誌。ニコ㋲を見たくてページをめくっていると、新たな興味の対象に出会えるのも雑誌のいいところ。付録も楽しみの一つです。『ニコラ』で情報を得るのが好きと言ってもらえる理由は、こうした雑誌ならではの形態にもあると思います」(小島氏)。

02 読者と記者が議論、顔の見える関係に付加価値を
『日経ビジネス』編集部(日経BP)

電子版で、商品開発会議も

　2019年に創刊50周年を迎える週刊誌『日経ビジネス』は、経済分野に特化し、契約記者を使わず社内に50人前後の記者を抱えてコンテンツの質を担保するスタイルをとる。定期購読率は9割。管理職以上の40代、50代男性を中心とした読者の支持を得てきた。「日に2回発行される新聞が瞬間的なニュース解説をするのに対し、『日経ビジネス』は特集に1〜3か月の準備期間を設けます。背景まで探った情報に価値を見出す人たちをターゲットにしています」と編集長の東昌樹氏は話す。一方、デジタルで情報を即配信し時間の規定をなくせば「雑誌、新聞、テレビと明確に分かれていた従来のメディアの枠組みはなくなっていくだろう」とも予想する。こうした流れに対応するため、2019年「日経ビジネス電子版」をローンチ。本誌が読めるだけでなく、動画連載を含む独自コンテンツやインタラクティブ機能を拡充。繰り返し読者に訪れてもらえる仕組みを整えた。有料会員なら全ての機能を利用できる。

　特筆したいのは、読者との議論ができるプラットフォーム「Raise」を設け、読

2019年にローンチした「日経ビジネス電子版」。

英ダイソンのジム・ローウェンCEOとTakram田川欣哉代表を招いた、読者との対話イベント「Raise Live」。
photo by 藤村 豪(DreamMovie)

イノベーションをテーマに、C Channelの森川亮社長に読者と取材した「オープン取材」。読者とともに新しい視点でコンテンツを制作・発信する「オープン編集会議」の一環。
photo by 吉成 大輔

者との新たな関係を構築し始めている点だ。東編集長が目指すのは「編集部と読者が同じ地平に立って、コンテンツを共につくり成長していく"オープンジャーナリズム"」。メディアと読者が混然一体となって討論し社会を良くしていこうとする流れは、海外メディアでも見られるという。

「Raise」ではテーマごとに記者や有識者が入り、参加者が意見を言いっぱなしで終わらないように進行。読者イベントを開き、20名程度でリアルな討論も行う。記者がファシリテーターを担い、社会的なアクションに結びつけようとしている。「Raise」の中で、本誌の取材・編集を読者と行う「オープン編集会議」も行った。「イノベーションをどう起こすか」というテーマには、若手のビジネスマンや学生など本誌とは異なる読者層が集まり、記者だけでは発想できない特集に仕上げた。「顔を合わせて議論をすると、読者と雑誌とのエンゲージメントは確実に高まります。読者も社会的な真面目な話を楽しんで議論しています。ただし手間もかかるし草の根的。テレビのようにたくさんの人を集めるメディアでは難しいでしょうし、小回りの利く組織だから継続できるのだと思います」(東編集長)。

『日経ビジネス』が持つ企業とのパイプを生かし、「オープン開発会議」や「オンラインインターン」も「Raise」の中で行っている。カルビーのポテトチップスの新商品開発をした会議では、プロモーションも含めて議論し商品化が決定。「オンラインインターン」は、味の素、NTTドコモ、三菱商事など大手企業の担当者が、読者からの質問にオンライン上で答えたり、学生を招いたイベントを行ったりしている。いずれもスポンサードではなく、編集部が依頼し企業が協力、読者のためのコンテンツという姿勢をとる。

「これまでと違う編集を試みているので、広告についても新たな指標の必要性を感じています。『日経ビジネス電子版』は有料会員制のサイトであり、どれだけ見られたのかよりも、読者と深い関係を築くことへの価値を付加していきたい」と東編集長。雑誌で培ってきたサブスクリプションモデルを、電子版でも取り入れ、定期読者に対してコンテンツを磨き、読者との絆を深めている。

掲載すると商品が動く、その理由は？
情報受容度の高い読者と雑誌の関係

「このページに出ている、このコーディネートと同じ色、形の商品がほしい」。雑誌に掲載した商品に対するこうした反応は、読者の情報受容度が高いこと、雑誌メディアが読者の購買意向を高め態度変容を促すものであることを示している。読者の雑誌に対する共感や信頼はいかに育まれ、モノが動いているのか？

『エクラ』は頼れる相談相手

　50代女性向けの雑誌、集英社の『エクラ』には、「エクラ売れ」という造語がある。雑誌に掲載すると商品が動くことを指し、カバーモデルの富岡佳子さん着用の服は特に動く。品のあるリアルな着こなしが、読者に受け入れられ、ファッションブランドの新規顧客拡大に寄与している。編集タイアップの写真やテキストを使い、新聞広告に転載するケースでも、掲載直後からコールセンターの電話が鳴る。「後でお店に行こう、ではなく、すぐ電話をかけて在庫を確認したり、取扱い店舗を問い合わせたり。読者は即アクションを起こすので、『エクラ』は反響が見えやすい」と長内育子編集長は言う。

　雑誌の公式サイトに載せる、タイアップ記事も、スマホでじっくりと読まれる。あるファッションブランドのタイアップ記事を「ウェブエクラ」に転載したところ、記事内のURLへのクリック率は、通常数パーセントと言われる中、22％にのぼった。同誌では通販「エクラプレミアム」も運営する。年間売上は11億円。ファッションブランドと組んだ雑誌オリジナルのアイテムもそろえる。ロイヤルユーザーの中には、年間消費額が約200万円を超える人もいる。こうした読者の雑誌への信頼はどこからくるのか。

　「例えば6万円のカシミヤ素材のパーカーを、手に取ることなく買う人がいるのか？と思われるかもしれませんが、エクラプレミアムでは完売します。センスも、お金もある、でも時間がない、という方が『エクラ』を頼ってくれています。読者世代の体型の悩みを知り尽くしている私たちは、アラフィー（50歳前後）の体に優しい服や、今のトレンドをリアルに着られる服を提案しています。読者モデルやモニ

ターとお話しすると、進んでいろんな悩みを打ち明けてくださり、『エクラ』を相談できる友達やパーソナルスタイリストに近い感覚で見てくださっていることがわかります。だからこそ、掲載商品を買いたいという衝動に結びつくのではないでしょうか。また今のアラフィーは、30代、40代の頃も自身の年齢に即した、等身大の読者モデルが登場するような雑誌が身近にあり、リアルファッションを雑誌を介して楽しんできた世代でもあります」（長内編集長）。

　実際、誌面では読者からの着こなしに関する悩みに、スタイリストが丁寧に寄り添う企画が好評だ。誌面作成にあたっては、50代に向けた発信になっているか、幸福感や品格のある大人の女性像を打ち出せているかどうかを重視する。女性管理職向けの人気連載「エグゼクティブ・サロン」は、そんな編集方針を表す企画だ。「7、8年前まで読者層は、専業主婦の方も多くいましたが、現在のアラフィーは、仕事を続けている方も多く、経営者のような立場のある方もいます。女性管理職の場合、派手すぎたり、ブランド名が分かりすぎる服は難しい、スーツだけでなくレセプションで着る華やかなワンピースもほしいなど、いろいろなニーズがあり、TPOに応じながらも自分らしく楽しめるファッションを求めています。女性エグゼクティブの品格のあるオシャレという切り口がこれまでなかったため、隣接したページでの編集タイアップのご希望や、コラボ商品のご相談をいただいています」。子どもの手が離れ、時間に余裕ができ、しかもSNSの発信力が高い。そんな今の50代を見つめる『エクラ』は、アラフィーの頼れる相談相手としての「人格」を持ち、共感度を高めている。

「『エクラ』2019年7月号の表紙で富岡佳子さんが着用したロエベ。Tシャツはもちろん、部分的にしか写っていないパンツ、バッグにも雑誌の発売日から問い合わせが多かったと聞いています」（長内編集長）。

CHAPTER 2

雑誌×デジタル・イベント・商品開発
広告主の雑誌活用事例

広告主に対して、雑誌が提供するソリューションは、誌面での広告掲載にとどまりません。動画をつくったり、SNSを運営したり、商品開発を行うこともあります。こうした雑誌発のソリューションに共通しているのは、読者インサイトをつく切り口や、商品・サービスへの興味を抱かせるストーリーがあることです。ここでは、各施策の全容と共に、施策の意図や結果を公開。「なぜその雑誌に出稿したのか」という広告主の生の声も掲載しています。進化する雑誌広告を研究し、プランを練る際のヒントにしてください。

雑誌コラボ手法の広がり

雑誌広告2.0への変化

　本章では、雑誌とコラボし、製品やサービスのファンを増加させた成功事例を紹介していきますが、その前に、ここまで見てきた雑誌のメディア価値や資産について、広告主の声とともに整理しておきます。

　1章にあるとおり雑誌メディアは、「理解・興味・購買意向」の促進を得意とするメディアであり、その源泉には、ターゲットについて観察し続けている編集者の「インサイト把握力」や「ストーリー構築力」があります。また雑誌を自ら購入し愛読する読者は、友達のように雑誌を信頼し、情報受容度が高い状態にあるため、紹介されている製品の購買意向も高まりやすくなっています。広告主に「どんな理由で、雑誌メディアを選択しているのか」を聞くと、

- ターゲットが細かく区切られており、リアルな読者の感覚を知る編集者を介することで、自然に製品情報を届けられる
- ターゲットとの相性が良く、打ち出したいイメージを丁寧にくみ取ってくれるメディアと組むと、集客につながりやすい
- 雑誌1冊の文脈に沿って広告を見てもらえる点が魅力

といった声があがるのは、上記のメディア特性の表れでもあります。

　雑誌の編集部では、雑誌に共感する読者コミュニティに対して、リアルなイベントを開催して熱量を高めたり、WEBやSNSを使って頻繁に接点を持ったりしています。編集部発で動画を発信するようにもなりました。

　雑誌ファンを取り込むマーケティングを行いたい、と考える広告主も、雑誌とコラボしたイベントやデジタル施策を組み合わせた展開に挑んでいます。また出版社とつくったコンテンツを、デジタルサイネージや店頭ツール、広告主のSNSなどに、2次活用するケースも増えています。従来の広告掲載が「1.0」だとすると「雑誌広告2.0」とも言える変化をとらえ、メディアの垣根を超えた雑誌活用をしている広告主からは、こんな声も出ています。

- コアなファンを持つ雑誌とのイベントでは、来場した読者からの口コミの拡散

- にも期待している
- 編集部のネットワークで、話題の人を起用し、動画を撮影、自社のSNSで配信した
- 編集部、広告会社と組んで、人に伝えたくなるユニークな企画を一緒につくることができるか考えている

　広告主がマーケティング課題を検討している段階から、編集者が参加してメディアプランを提案したり、編集者がコンサルティングの役割を担ったりするケースもあります。製品・サービスの新たなアプローチ方法を雑誌編集部とともに開拓しているのです。

　編集部とオリジナル商品を開発してECサイトで販売したり、広告主のオウンドメディアを出版社が制作したりといった動きもあります。広告を出稿する先であった雑誌が、マーケティングのパートナーになっている側面もあります。

- 雑誌は誌面が大きいので写真も映え、デジタル広告と違って繰り返しじっくりと見てもらえる
- デジタル広告と比べてブランド毀損のリスクが低く、ブランドの信頼度が読者に伝わりやすい

　といった、紙の雑誌ならではの良さを生かした雑誌広告の使い方から、

- SNSでの発信力が高い雑誌の読者を、出版社にアサインしてもらい、商品を体験してもらう

　といったデジタルシフトしたメディア環境を活かした雑誌の使い方まで、広告主によって、さまざまなコラボの仕方が生まれています。

雑誌の持つ資産

　雑誌メディア自体が多様なジャンルを持つことに加え、広告主に対するソリューションも増えていることから、雑誌を使ったマーケティング活動は体系化しづらいところもあります。雑誌と組むことでどんなことが可能になるのか、その大筋を整理しておきます。

　従来どおりの雑誌広告は、純広告と編集タイアップ広告に分けられます。広告主が制作する純広告は、インパクトのあるビジュアルや構成で、名称や世界観の訴求に向いています。読者を熟知している出版社とつくる編集タイアップ広告は、

先述のように、読者の興味や購買意向を高めるのに向いています。

【従来の雑誌広告の種類】　純広告／編集タイアップ広告

　編集タイアップ広告は、雑誌が持つ「ネットワーク」が活かされています。読者が登場してリアルな視点を入れることもあれば、専属モデルや、スタイリスト、漫画キャラクター、雑誌でおなじみの著名人、専門家など、影響力の強い人たちが登場して話題性を高めることもできます。

【雑誌のネットワーク】　読者／モデル／スタイリスト／キャラクター／
著名人／専門家　など

　こうした雑誌のネットワークは編集部とイベントを開催したり、デジタルで発信するときにも、もちろん活かされています。雑誌を販売するタッチポイントである書店で展示やイベントを行うなど、雑誌が持つルート的ネットワークを使うこともあります。また出版社とつくったコンテンツの2次活用も進んでいます。さらには、編集部と商品開発をしたり、広告主のWEB・SNSの運営を編集部がサポートすることもあります。

【編集部の発信先の広がり】　イベント／WEB（動画含む）／SNS　など

【2次活用】　CM／屋外広告／店頭ツール／広告主の自社サイト　など

【誌面にとらわれないコラボ】　商品開発／広告主のWEB・SNS運営　など

　こうしたコラボ手法は、広告主の目的に合わせて使い分けていく必要があります。次ページからは、「インサイトをつかんだ、深く刺さるコンテンツで行動促進したい」ときに参考になる事例、「雑誌のネットワークを活用した注目度の高い取り組みで、ユーザーの関心を高めたい」ときに参考になる事例、「雑誌コラボでユニークな商品開発をしたい、オウンドメディアをつくりたい」ときに参考になる事例の3つに分けて、紹介していきます。

インサイトをつかんだ、深く刺さるコンテンツで行動促進したい

雑誌の読者層と、打ち出したい商品のユーザー層。その親和性が高いならば、日ごろから読者のインサイトをよく知っている編集部の視点が、新たなプロモーションアイデアを生むかもしれません。雑誌発のソリューションが、ユーザーの獲得、ファン育成につながった事例を紹介します。

▶WEBサイト ▶SNS ▶動画

コーセー「ヴィセ」×講談社『ViVi』

専属モデルと人気俳優を起用したラブストーリー動画が拡散

#引き寄せリップ
恋が逆転するとき

■広告主：コーセー
■商品名：ヴィセ リシェ クリスタルデュオ リップスティック
■媒体名：『ViVi』2017年10月号
■読者ターゲット：18〜22歳の女性が中心
■施策時期：2017年8月〜（第1弾）／2018年3月〜（第2弾）
■施策目的：専属モデルを起用した女子向けのコンテンツで、商品を話題化
■広告会社：ADKマーケティング・ソリューションズ

●誌面展開

町田啓太の「理想のキス」や谷まりあの考える「キスしたくなる唇」を掲載。誌面でも読者をきゅんきゅんさせた。

拡散

●動画

読者に反響実績のある「イケメン俳優とViViモデルのドキドキシーン」を入れ込みつつも、しっかりと商品の印象を残すストーリーに。リーチ数や拡散だけにとどまらず、リップの仕上がり感や特徴を伝え、売り上げにつなげた。

コーセーは、俳優の町田啓太さんと、『ViVi』の専属モデル谷まりあさんを起用した動画を作成した。谷さんが「引き寄せリップ」を塗ることで、2人の距離がぐっと縮まるというストーリーだ。

　動画は『ViVi』公式のYouTubeページで公開し、『ViVi』のInstagramやTwitterでは、「キスするの？ねぇ、キスするの???」などと投稿。Twitter広告の「プロモトレンド」も行った。台詞のない動画だが、2人のしぐさや表情は反響を呼び、再生回数は累計200万回を超えた。

　『ViVi』本誌や「NET ViVi」には、「メイクのチカラで『恋の逆転』ってある？」と題し、動画を紹介する編集タイアップ記事を掲載した。

　胸キュン動画の配信後、第2弾や映画化を望むコメントも寄せられ、好評だったことから、2018年3月、同じく2人を起用した動画「＃恋するグラデリップ」を公開。動画のメイキング映像や撮影前のインタビューなども公開しながら、ラブストーリーの世界観の中で、商品を印象付けた。

●SNS(Instagram)

●第2弾も展開

好評につき、商品の新タイプの発売に合わせて第2弾の動画が公開された。

SUMMARY

効果
▶情報の拡散・話題化で購買数増

広告主の声
「媒体の選定理由」
狙ったのは雑誌だからこその「情報としての価値」を高めること。雑誌の中でも、『ViVi』はヴィセと読者の親和性が非常に高いことはもちろんですが、こちらが求めるミッションを提案の段階でしっかり形にしてくれたことが決め手でした。

〈解説〉出版コンテンツ 活用ポイント

雑誌社ならではのキャスティング力・編集力で、女性をキュンとさせる動画を作成。誌面と連動させWEBに誘導、さらに前・後編に分け、順に公開することで、SNS上での拡散を狙いました。ヴィセのリップを塗れば、キュンとするシーンを引き寄せられるかも、と思える動画になりました。

▶ カスタム出版　▶ イベント

ポケモン『ポケモン GO』×ハルメク『ハルメク』

読者の声から商品の訴求ポイントを発掘
イベント実施やガイドブック作成も

『ポケモン GO』ウォーキング

■広告主：ポケモン
■商品名：『ポケモン GO』
■媒体名：『ハルメク』2017年4月号、2018年3月号・9月号・11月号
■読者ターゲット：50代以上の女性
■施策時期：2016年11月〜2018年10月
■施策目的：シニア層への『ポケモン GO』の利用促進および知見獲得
■広告会社：直接取引

●読者調査（座談会）

当初は「若い人向けのゲームでは?」といった不安もあったが、「健康で楽しいウォーキングツール」という大きな訴求ポイントを発見。

●イベント（ポケモン GO ウォーキング）

開催するたびに定員はいっぱいに。ターゲットと直接コミュニケーションを取ることで、『ポケモン GO』とシニア世代の親和性の高さを発見する機会になった。

●誌面展開

回を重ねる毎に閲覧率 UP

スマホ向けゲーム『ポケモンGO』は、シニア層ユーザー獲得の可能性を探るべく、シニア女性誌『ハルメク』といくつかの試みを行ってきた。読者目線の誌面作りに定評のある『ハルメク』では、読者モニターによる座談会を開催。ウォーキングのお供や外出のきっかけに『ポケモンGO』を使いたいという読者の声から「楽しく健康になれるツール」という訴求ポイントをつかみ、編集タイアップを掲載した。また未利用者向けに「ポケモンGOウォーキング」のイベントを開き、スマホを持っていない参加者にも設定済みの端末を貸与。操作方法をレクチャーしたうえでウォーキングを行ったところ、「ポケモンが可愛い」「歩くのが楽しくなる」との声があがった。タイアップ誌面へのクリエイティブに体験者の声を反映し、2回、3回と掲載を重ねることで、閲読数は2倍に引き上がった。体験イベントはその後全国で開催している。さらに、スマホ初心者向けの公式入門ガイドを制作。専門用語を使わずに操作方法を解説。『ポケモンGO』をやってみたいけれどやり方が分からない人を取り込んだ。

● WEB（ハルメクWEB）

イベントをレポート。参加者が楽しんでいる様子が伝わってくる。

● 『ポケモンGO』入門ガイド

入門ガイドのプレゼントは、誌面上で1回、はがきでの募集であったにもかかわらず、2400件の応募が殺到した。

©2019 Niantic,Inc. ©2019 Pokémon.
©1995-2019 Nintendo/Creatures Inc. /GAME FREAK inc.
ポケモン・Pokémonは任天堂・クリーチャーズ・ゲームフリークの登録商標です。

SUMMARY

効果
▶ シニア層のユーザー獲得
▶ シニア層への
　アプローチ方法の開拓

広告主の声
「媒体の選定理由」
『ハルメク』はシニア層に特化したノウハウを持っていることに加え、モニターを使用した市場調査やイベント実施によるユーザーとの接点づくりなど、広告出稿の枠を超えた施策ができることに価値を感じています。

〈解説〉出版コンテンツ 活用ポイント

広告主のシニアビジネスの課題に対して徹底的なリサーチを行っています。それに基づいた訴求ポイントの開発をして、誌面、イベントと展開することで、大きな反響を得ることを可能にしています。

▶SNS　▶店頭　▶プレスリリース

愛知ドビー「バーミキュラ ライスポット」
×
光文社『VERY』

Instagramアカウント「Cooking VERY」を開設
毎日使える調理器具を訴求

Cooking VERY

■広告主：愛知ドビー
■商品名：バーミキュラ ライスポット
■媒体名：『VERY』2017年10、11月号
■読者ターゲット：30代を中心とした未就学児・幼児を持つ主婦層
■施策時期：2017年9月〜12月
■施策目的：「バーミキュラ ライスポット」の認知拡大・機能訴求、理解浸透
■広告会社：電通

『VERY』2017年10月号

●SNS（Instagram）

インフルエンサーの実生活でのリアルなライスポット活用方法を展開。読者から実感の伴う共感を得られた。

●誌面展開

『VERY』2017年10月号

『VERY』2017年11月号

デザイン・機能面で優れている点、『VERY』読者にとって重要なポイントである、放っておいて調理ができる点をわかりやすく伝えた。食育の切り口も。

『VERY』と愛知ドビーの炊飯器「バーミキュラ ライスポット」がコラボレーションし、Instagramにて特設アカウント「Cooking VERY」を4カ月間の期間限定で開設した。滝沢眞規子さん（モデル）、鈴木六夏さん（VERYモデル）、優木まおみさん（タレント・モデル）、川上ミホさん（料理家）など、9名のインフルエンサーを起用し、「バーミキュラ ライスポット」のある生活を投稿。レシピ動画も配信し、デザイン性が高く、炊飯だけでなく、毎日使える便利な調理器具として高感度主婦層に伝えた。フォロワーへの商品プレゼントキャンペーンの実施やインフルエンサーの個人アカウントからの拡散もあり、2万人以上のフォロワーを獲得している（2017年12月末時点）。

Instagramの開設にあわせ、プレスリリースの配信や、インフルエンサーを招いた試食会を実施。また、『VERY』誌面では滝沢さんが工場を訪れた様子を紹介したり、鈴木さんが息子さんと一緒に料理をする様子を掲載し、その誌面を店頭で二次利用したりと、各種メディアを連動させた。

●試食会
インフルエンサーを招いて試食会を行った。

●プレスリリース
WEBニュースや新聞で多数掲載。

SUMMARY

効果
▶忙しいママにとって「バーミキュラは一番の味方」という共感と支持
▶バーミキュラ公式アカウントのフォロワー増加

広告主の声

「媒体の選定理由」
「バーミキュラ ライスポット」をアプローチしたいターゲット層と『VERY』の読者層が合致していた上、数々の実績と、読者からの圧倒的な支持を誇る『VERY』なら、バーミキュラの簡単で美味しいという魅力を効果的に訴求できると考えました。

〈解説〉出版コンテンツ 活用ポイント

家事・育児に忙しい読者にとって助けになる商品であることを、雑誌で丁寧に訴求しながら、インフルエンサーを起用し、Instagramに毎日アップすることで、"毎日使える"リアルな活用方法を伝え、共感を得ました。

▶ WEBサイト

アサヒ飲料「カルピス」×ベネッセコーポレーション『サンキュ！』

お手伝いできる子になってほしい
母親読者のインサイトをついた誌面づくり

自分でできたよ！
まぜまぜ当番

- ■広告主名：アサヒ飲料
- ■商品名：「カルピス」
- ■媒体名：サンキュ！2017年5、6、7、8月号
- ■読者ターゲット：お子さんが2〜8歳の30〜40代の女性
- ■施策時期：2017年4月〜7月
- ■施策目的：「カルピス」の利用シーン拡大、新規ユーザー獲得
- ■広告会社：電通

●誌面展開

二次活用

『サンキュ！』では、教育産業であるベネッセコーポレーションの特色を生かし、子どもの生きる力をはぐくむ「生活育」を提唱している。「食育」の専門家の監修のもと、撮影の仕方、子どもへの声のかけ方にも工夫した。読者からは「これなら子どもが喜んでお手伝いできそう。ぜひやらせたい」と声があがった。

『サンキュ！』に掲載された、「カルピス」の編集タイアップシリーズ『自分でできたよ！まぜまぜ当番』では、子どもが「カルピス」を使って簡単につくれるデザートを紹介している。「子どもにはお手伝いができる子に育ってほしい。でも、いざ子どもがやりたいと言い出しても、時間や気持ちに余裕がない」という母親のインサイトをついた内容だ。誌面では小さな子どもでも挑戦できるレシピを紹介し、「子どものやる気を引き出す声がけ」についてもアドバイス。サンキュ！ブロガーの体験コメントも掲載し、親子で楽しく体験するためのきっかけ作りとして「カルピス」を使ったメニューを訴求した。

また同時期に、ベネッセコーポレーションが運営する口コミサイト「ウィメンズパーク」では、「まぜまぜ当番」のコンテンツのほか、専門家が「子どものお手伝い」についての質問に答えるコーナーや、「お手伝い」をテーマに意見を投稿して語り合えるコーナーを展開。事前の読者モニターへの調査や、ブロガーを集めた座談会をもとに、企画が組み立てられている。

●WEBサイト（ウィメンズパーク）

雑誌コンテンツの活用に加え、幼児教育の専門家が監修した、子どもの心の発達に関わるお手伝いについての情報も掲載。子どもとの関わりにヒントになったという声が多数寄せられた。

SUMMARY

効果
▶売り場強化と購入増
▶施策接触者への事後調査で訴求内容の理解向上

広告主の声

「媒体の選定理由」
『サンキュ』読者層と本施策のターゲットが合致していたこと、さらに「ウィメンズパーク」などデジタル連動展開ができたことから、ベネッセコーポレーションの『サンキュ！』と組むことを決めました。

〈解説〉出版コンテンツ 活用ポイント

専門家の監修を入れ、子どものやる気を引き出す「お手伝い」を軸にカルピスを使ったレシピを紹介。「子どもへの声のかけ方」など、母親が取り組んでみたいことが詰まったコンテンツに仕上げています。

▶プレゼント企画　▶SNS　▶屋外広告

リベル・エンタテインメント『A3!』×マガジンハウス『anan』

ここでしか手に入らない
ファン垂涎のコンテンツで拡散

『A3!』から無限に広がる
ときめきの世界に迫る。

■広告主：リベル・エンタテインメント
■商品名：A3!
■媒体名：『anan』2018年8月8日号
■施策時期：2018年8月〜
■施策目的：『A3!』の認知とファン拡大
■広告会社：博報堂DYメディアパートナーズ

●誌面展開

表4に描き下ろしの人気キャラクター。

二次活用

キャラクター直筆のサイン入りチェキをプレゼントした。

二次活用

●ゲーム内特典

本企画に合わせ、ゲーム特典も追加。

『anan』の「ときめきカルチャー最前線。」特集号は、イケメン役者育成スマホゲーム『A3!(エースリー)』のファンを沸かせる内容だった。表4には『anan』の題字とともにキャラクター「皇天馬」の描き下ろしイラストを掲載。さらに中面ではキャラクターのサイン入りチェキのプレゼント応募券が付き、誌面でしか読めないキャラクターの情報も載せた。

『A3!』は、プレイヤーが劇団の主宰兼「総監督」となり、キャラクターを育てる、アプリ累計ダウンロードが550万(当時)を超えるゲーム。人気声優たちがキャラクターを演じる。編集タイアップ広告では、初心者向けに「A3!現象」を振り返りながら、ゲームを楽しむためのポイントを解説。プレゼント賞品である「サイン入りチェキ」を載せて、全キャラクターの紹介をした。

雑誌の発売に合わせた交通広告では、表4のイラストが使われ、『anan』のツイッターでも、チェキプレゼント企画を告知。『A3!』のゲーム内では、カードイラスト配付やオリジナルシナリオ配信を行い、話題化した。

● 交通広告

『anan』の発売を告知する交通広告にもキャラクターが登場。

● SNS(Instagram)

編集部からも、誌面で声優インタビューやプレゼント企画をしていることなどを発信。

SUMMARY

効果

▶ 奇抜さや驚きを持った話題の創出
▶ ゲーム内の世界観と現実をリンクさせ、キャラクターの深みが増した

広告主の声

「媒体の選定理由」

スマートフォンで楽しむゲームだからこそ、あえて違う場所で展開することで、新鮮さを与えることができると思いました。『anan』が持つブランド力やイメージの良さも、『A3!』にマッチし、相乗効果を発揮できたと思います。

〈解説〉出版コンテンツ 活用ポイント

実在の有名人が表紙を飾ることの多い『anan』の裏表紙に、ゲーム内で「実力派俳優」とされている人気キャラクターが登場。中面では、読者にプレゼントする「サイン入りチェキ」を並べ、ここでしか読むことのできない各キャラクターの小さい頃の夢や読者への「メッセージ」を掲載。ゲームと現実がリンクしたかのような企画で話題を生み出しました。

▶付録　▶プレゼント企画　▶SNS　▶店頭

幸楽苑「極上中華そば」「豚バラチャーシューめん」×小学館『幼稚園』

実物そっくり
驚きのある知育付録でコラボ

びょんびょんらーめん

■広告主:幸楽苑
■商品名:極上中華そば、豚バラチャーシューめん
■媒体名:『幼稚園』2019年4月号
■読者ターゲット:4〜6歳児とその親
■施策時期:2019年3月
■施策目的:付録を通じたブランディング
■広告会社:ADKマーケティング・ソリューションズ

●付録

ラーメン屋さんの"麺が動く看板"を模した動きなどが、『幼稚園』読者以外からも反響を呼び、SNSやTVで話題となった。

●動画（幼稚園ふろくチャンネル）

●誌面展開

●付録を商品化

期間限定で、食べられる「びょんびょんらーめん」として商品化。別皿で提供される具を自分でトッピングすることができる。同時期に『幼稚園』をプレゼントするツイッターキャンペーンを行った。

『幼稚園』2019年4月号の表紙には、「びょんびょんらーめん」と名付けられた付録の写真が大きく入り、「昭和二十九年創業　幸楽苑」のロゴが添えられた。実物のらーめんそっくりのこの付録は、どんぶりの上に浮かんだ箸がゼンマイ仕掛けで上下し、ゴムでできたらーめんの麺が"びょんびょん"と動く。子どもたちは、その間に、トングを使ってチャーシューやなると等の具をどんぶりの上にのせ、メニューカード通りのらーめんを完成させるという内容だ。付録を作る時間は、親子のコミュニケーションを生み、遊びながら、大人も子どもも思わず、ラーメンが食べたくなってしまう。幸楽苑を正しく認知してもらうことを最重要課題として、ふろくのチャーシューは本物を一枚ずつ撮影するなど、よりリアルならーめんにこだわった。雑誌の中では、「らーめんやさんのおしごと」をテーマに、幸楽苑のらーめんが出来あがるまでを解説。「幼稚園ふろく　チャンネル」では、子どもたちが付録で楽しく遊ぶ様子が紹介されている。

SUMMARY

効果
- SNSで拡散
- 著名人が付録で遊び、話題に

広告主の声

「媒体の選定理由」
これまで、TVCM、新聞折込、WEBなどでは一定量の露出をしていましたが、本企画は、それらの媒体ではとりきれない客層、さらには若年層に訴求していきたいという考えで実施しました。

〈解説〉出版コンテンツ 活用ポイント

本物そっくりの見た目と、ラーメン屋さんの看板のような動きで、子どもだけでなく大人も引き付けるクオリティを実現しました。子どもだましではない、子ども向けの付録を制作することで、「やってみたい」「動きが気になる」という好奇心をくすぐり大きな反響を呼びました。

▶抜き刷り　▶WEBサイト　▶SNS　▶イベント　▶屋外広告　▶店頭

東急プラザ銀座×光文社『STORY』

ファッションフロアへの集客をプロデュース

東急プラザ銀座のSTORY的楽しみ方

■広告主：東急プラザ銀座
■媒体名：『STORY』2017年10月号
■読者ターゲット：30〜40代の女性
■施策時期：2017年9月
■施策目的：東急プラザ銀座ファッションフロアへの集客拡大と購買促進
■広告会社：ADKマーケティング・ソリューションズ

●誌面展開

STORY世代がどのように楽しめるショップなのか、フロアを解説。

二次活用

●館内広告

誌面素材を活用。

●抜き刷り

タイアップ誌面の抜き刷りにクーポンを付けて配布したところ、好評。販促の後押しとなった。新聞折り込みにも抜き刷りを活用。

046

東急プラザ銀座は、『STORY』と組み、ファッションフロアの集客拡大を図った。『STORY』本誌と「STORY web」では、モデルの稲沢朋子さんが、東急プラザ銀座を巡りながらショップを紹介。「STORY世代にぴったりの高感度のアイテムが揃う」「STORY御用達ブランドの靴も多数展開」など、読者が楽しみやすいショップであることを強調した。

　雑誌発売後には「STORY秋フェス in 東急プラザ銀座」を開催。イベントのプログラムは、稲沢さんをはじめSTORYモデルが勢揃いするファッションショーや、トークショー、スタイリストによるコーディネートアドバイス会など。『STORY』の公式SNSでもイベントの告知を行い、さらなる集客につなげた。

　タイアップ記事は、抜き刷りして館内で配布したほか、新聞折り込みにも活用。東急プラザ銀座のサイトでも転載した。またタイアップ記事の素材は、館内広告や銀座駅の交通広告にも使用しており、幅広い二次活用をすることで、リーチを拡大した。

●イベント（STORY秋フェス in 東急プラザ銀座）

ファッションショーのほか、各ショップでもスタイリング講座やモデルトークショーを行い、店内の回遊を促した。

▼イベント内容

イベントスペース
- STORYモデルによるファッションショー
- STORYモデル稲沢朋子さん × 俳優・大谷亮平さんトークショー

各ショップで開催
- スタイリスト入江未悠さんのトークショー＆コーディネートアドバイス会（2回）
- STORYモデル稲沢朋子さん × 秋本祐希さん × 仁香さんトークショー

SUMMARY

効果
▶集客アップ
▶モデル着用商品の購買増加
▶イベント実施日の売上や購買促進に大きく寄与した

〈解説〉出版コンテンツ 活用ポイント

情報の過剰供給が進み、「何を選べば良いか分からない時代」において、出版ビジネスが長い年月をかけて培ってきた「良いモノを目利きするちから」は貴重な資産です。本施策ではそんな出版ビジネスの資産を活用することで、クライアントの課題である集客増加に寄与する結果となりました。

▶抜き刷り　▶WEBサイト　▶店頭

セイコーウオッチ「グランドセイコー」× CCC メディアハウス『Pen Online』

特設サイトの連載コンテンツを軸に店頭、折込、DMへ活用

グランドセイコー、未来へ紡ぐ10の物語。

■広告主：セイコーウオッチ
■媒体名：Pen Online
■読者ターゲット：ブランドの世界観・歴史・エピソードといったものに対する知的好奇心を持つ人々
■施策時期：2017年4月～12月
■施策目的：グランドセイコーのブランディング
■広告会社：ADKマーケティング・ソリューションズ

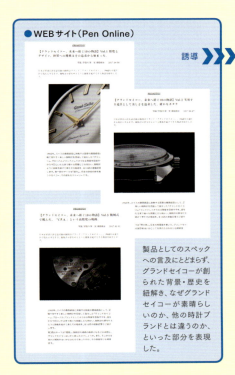

●WEBサイト（Pen Online）

誘導 ▶▶▶

●WEBサイト（グランドセイコー、未来へ紡ぐ10の物語。）

▼▼ 二次活用 ▼▼

日本経済新聞、タブロイド折込

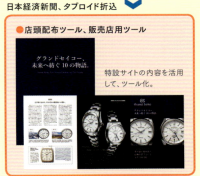

●店頭配布ツール、販売店用ツール

特設サイトの内容を活用して、ツール化。

製品としてのスペックへの言及にとどまらず、グランドセイコーが創られた背景・歴史を紐解き、なぜグランドセイコーが素晴らしいのか、他の時計ブランドとは違うのか、といった部分を表現した。

グランドセイコーは、定番特集として腕時計を扱うことが多い『Pen』と組み、【グランドセイコー、未来へ紡ぐ10の物語。】と題した全10回の連載を『Pen Online』に掲載。グランドセイコーのブランドサイトには、本コンテンツを紹介する特設ページを設け、海外版も見られるようにしている。

連載は「精度とデザイン、世界への挑戦はその追求から始まった」「実用する道具として美しさを追求した、確かなカタチ」など、1960年のブランド誕生から歴史を振り返り、現在につながる技術やデザイン、ブランドの姿勢を紹介した内容だ。

このコンテンツは、日本経済新聞の題字が入ったタブロイド判の別刷り広告として活用されたほか、販売店用のツールや、ダイレクトメールにも活用。「10の物語」として厚みのあるコンテンツにしたことで、二次活用の幅も広がっている。2018年には【グランドセイコー、腕に輝く9の物語。】、2019年には【グランドセイコー、「夢」を追いかける9の物語。】も展開している。

●海外版サイト

海外版サイトも作成。海外からの訪問者数・コンバージョン率も高かった。

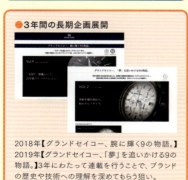

●3年間の長期企画展開

2018年【グランドセイコー、腕に輝く9の物語。】2019年【グランドセイコー、「夢」を追いかける9の物語。】3年にわたって連載を行うことで、ブランドの歴史や技術への理解を深めてもらう狙い。

SUMMARY

効果
▶会社経営者など広告主の獲得したい層からマニアでない人まで幅広くユーザーを獲得
▶ブランドの本質を伝えることに成功

広告主の声

「媒体の選定理由」
ややもすればマニアックになりがちな内容を、できるだけ平易に、しかも浅薄にならないような文章、構成で仕立てることに期待しました。

〈解説〉出版コンテンツ 活用ポイント

『Pen Online』にも掲載をしていますが、あくまでもメインは自社コンテンツの制作でした。リーフレットやWEBサイトなど、複数のメディアに渡って制作していますが、いずれも『Pen』編集部のコンテンツ制作力が存分に発揮されています。
一部、海外向けにも展開していますが、海外からの問合せも多く、グローバル共通のブランディングに寄与できるコンテンツになっています。

▶WEBサイト ▶EC

イオン トップバリュ「強靭スーツ」×宝島社『MonoMax』

ビジネスウェアの価値を
品質検査や専門家の声で裏打ち

×

イオンの1万円台スーツは
次世代レベルのデキだ！

広告主：イオンリテール
商品名：強靭スーツ、夏サラ超形態安定シャツほか
媒体名：『MonoMax』2019年4月号
読者ターゲット：30～40代男性
施策時期：2019年3月
施策目的：商品への理解促進
広告会社：ワンス ワンズ

●誌面展開

1万円台で多機能であることが、すぐに伝わる誌面。

品質検査の現場写真や、「スーツのプロ」の言葉を載せ、商品の裏側にあるストーリーを提示。

機能性や開発者の声を載せ、低価格・高品質であることを強調。

イオン トップバリュの多機能ビジネスウェアを『MonoMax』が8ページにわたって紹介した。「スーツ革命」と題して紹介したのは、摩耗に強い、価格が1万円台の「強靭スーツ」だ。誌面では、自転車通勤でも安心のタフなスーツとして、摩耗実験で糸が切れるまでの回数を示したグラフや、検査現場の品質管理の工程を掲載。ストレッチ性やウォッシャブル、防シワ性といった機能の紹介に留まらず、オーダースーツを手掛けるプロに、細部をチェックしてもらい、商品の仕立ての本格さをアピールした。

他にも「ジャケパン革命」「ビジネスシャツ革命」「ビジネスカジュアル革命」と銘打ち、それぞれの商品を、着用シーンや開発者の声などと共に紹介。イオン独自の検査機関や基準で、品質を高めていることを強調した。

ページ下では、ECサイト「イオンスタイルファッション」の名前が入った検索窓を掲載して流入を狙ったほか、イオンの紳士服売り場もレポート。記事内容は、ECサイト内や「MonoMax Web」でも活用している。

● Webサイト（MonoMax Web）

『MonoMax』の公式サイトでも編集タイアップを掲載した。

● EC（イオンスタイルファッション）

タフに使えて長持ちする商品であることを訴求し、購入を検討する人の背中を押した。

SUMMARY

効果
▶ 新規顧客増
▶ 品質のイメージ向上
▶ 従業員向けの商品理解を深めるツールに

広告主の声
「媒体の選定理由」
ひとつは、スマホには無い、大きな誌面の写真のインパクトが魅力的であること。それから、識者の意見をもらうことで、客観的に商品の良さを訴求することができると考え、モノ誌No.1の『MonoMax』を選びました。

〈解説〉出版コンテンツ 活用ポイント

耐摩耗性やストレッチ性など、スーツの機能を整理し、通勤時や出張時など着用シーンと共に解説。専門家の意見も添え、モノ雑誌ならではの視点で商品を掘り下げています。

▶ COLUMN

港区おじさんファンミーティング（東京カレンダー）

デジタル時代のファンコミュニティマーケティング

動画ドラマの出演者がファンと交流

2001年に雑誌『東京カレンダー』を創刊した東京カレンダー（株）は、アッパーな都会のインフルエンサー向けに、「体験型」コンテンツを提供することを重視し、WEBサービスやアプリを自社開発。同社スタッフでつくるWEB動画ドラマは、累計5000万回再生を突破し、映画化も果たしている。

2018年5月、2日間にわたって行われた、人気動画「港区おじさん」のファンミーティングには約3000人が応募。ドレスアップした600人が参加した。港区で過ごす男女の人間模様を描くショートドラマの出演者が、会場内のテーブルを回り、ファンと交流。会場を盛り上げた。東京カレンダーならではの食事のほか、協賛社から提供されたシャンパンは2日で300本振る舞われている。ファンミーティングの様子は後日、映像コンテンツとして販売された。ファンとのリレーションづくりに力を入れる同社では、月1～3回ほど「東京カレンダー」ファンが交流するイベントを実施。読者インフルエンサー組織も立ち上げ、広告主のマーケティング活動にも活用できるようにしている。「情報サイクルが短くなる中で、広告主が生活者を振り向かせるためのマーケティングコストは肥大化しています。インターネットの使い方は、従来のリーチ至上主義から、ユーザーエンゲージメントに徹底的にこだわるネット活用へとシフトしているのではないでしょうか」と菅野祐介CEO。熱量の高いファンコミュニティがコンテンツを軸に広がっている。

雑誌のネットワークを活用した注目度の高い取り組みで、ユーザーの関心を高めたい

モデルやスタイリスト、作家、写真家、漫画家、そして普段取材をしている相手など、雑誌にはたくさんのネットワークがあります。これらを活用し、ストーリーのあるコンテンツを生み出し、訴求したい商品への関心を高めることに成功した事例を紹介します。複数の雑誌を組み合わせて実施した取り組みもあります。

▶商品開発　▶店頭　▶WEBサイト　▶動画　▶屋外広告

Honda、ユニクロ、日本コカ・コーラ、森永製菓×集英社『週刊少年ジャンプ』

創刊50周年を盛り上げる
人気キャラクターのコラボ企画

   ×

『週刊少年ジャンプ』
50周年コラボ企画

■広告主：Honda、ユニクロ、日本コカ・コーラ、森永製菓、ほか
■媒体名：『週刊少年ジャンプ』
■読者ターゲット：小学生から社会人まで幅広い層
■施策時期：2017年7月〜2018年12月
■施策目的：キャラクターとコラボで話題化、顧客拡大
■広告会社：電通

● Honda

FITに試乗しながら、ドライブゲームが楽しめるイベント。ゲーム内にキャラクターが登場。

● ユニクロ

©Masashi Kishimoto Scott / SHUEISHA　　©Eiichiro Oda / SHUEISHA　　©BIRD STUDIO / SHUEISHA

コラボUTを世界各国で販売し店頭を演出。ショッピングバッグにもキャラクターがあしらわれた。

2018年に創刊50周年を迎えた『週刊少年ジャンプ』。そのメモリアルイヤーには、複数の企業が人気キャラクターを活用した大型キャンペーンを行い、『ジャンプ』ファンを喜ばせた。

　その主な展開を紹介すると、Hondaは、リニューアルしたFITの若年層取り込みのため、人気キャラクターが登場するコラボムービーや屋外広告、ドライブゲームが楽しめる試乗イベントなどを実施。ユニクロはコラボUTを制作し店頭を演出。このプロモーションは世界各国で実施された。日本コカ・コーラは、ジョージアのショート缶で『ジャンプ』とのコラボ缶一色にし話題に。ショート缶のメインターゲットである30〜50代の男性を中心に大きな反響があった。森永製菓は、『ジャンプ』作品の各シーンをデザインした「ｉｎゼリー」のプレゼント企画を行い、2018年で「ｉｎゼリー」に関する最多ツイート数を記録した。

　老若男女に愛される、過去50年分の人気キャラクターたちを、各企業の課題に合わせたソリューションに落とし込みながら、周年を盛り上げた。

● 日本コカ・コーラ

ジョージア缶でのコラボ。コラボ缶購入でマンガ1話分が無料で読めるキャンペーンも。

● 森永製菓

100シーンのｉｎゼリーパッケージが当たるTwitterキャンペーンを実施。

SUMMARY

効果

Honda
▶FITの話題化や若年層の興味関心に繋げた

日本コカ・コーラ
▶新規顧客獲得
▶離反顧客が再購入

森永製菓
▶2018年で、「ｉｎゼリー」に関する最多のツイート数を記録
▶新規ユーザーを獲得
▶売上は前年実績を超えた

〈解説〉出版コンテンツ 活用ポイント

幅広いファンのいる人気キャラクターたちとのコラボは注目度抜群。各企業がその話題性を最大化するため、クリエイティビティあふれる展開を行った。

▶ WEBサイト ▶ SNS ▶ 動画

プリモ・ジャパン「アイプリモ」×『with』『ViVi』『JJ』『ar』『sweet』

女性誌5誌連動 モデル・女優がブライダルジュエリー店舗を訪問

11Girls story

■広告主：プリモ・ジャパン
■媒体名：『with』『ViVi』『JJ』『ar』『sweet』
■読者ターゲット：20～30代女性
■施策期間：2017年10月～2018年1月末
■施策目的：アイプリモのブランド認知、店舗への集客
■広告会社：博報堂

●動画と誌面展開

『with』 指輪を探している読者から「行ってみます」等の反響があった。

『JJ』 撮影日程が各誌被るなか、モデルのスケジュール調整には苦慮したが、撮影そのものは無事に進んだ。
『JJ』2017年12月号
『JJ』2018年1月号

『ViVi』 5誌統一のトンマナに配慮しながらブランド認知度に貢献。

『ar』 連動企画は、未婚の多い年齢層が読者の『ar』にとっても良い事例になる。

ブライダルジュエリー専門ブランド専門のアイプリモは、店舗集客策として、5誌の女性誌と3か月間にわたりタイアップ企画を実施した。モデルや女優がアイプリモの店舗を訪れ、とっておきのリングを探すというもの。雑誌編集部のキャスティング力を活かした取り組みだ。

訪れたのは札幌店から博多マルイ店まで全国の店舗。店員にリング選びの相談をしながら試着する様子をレポートし、それぞれが選んだリングの紹介もしている。5誌で枠組みをそろえながらも、各誌のトーンに合わせたコンテンツが作られた。

また店舗に訪れた様子は、動画でも撮影。リングを身に着けたときの表情もしっかりと映し出し、リングの気に入ったポイントや接客を受けてみての感想なども見ることができた。

アイプリモのホームページでは、動画と誌面を掲載したほか、SNSでも動画を拡散。総動画再生回数は350万回を超え、クリスマス商戦期の店頭売り上げに大きく貢献する結果となった。

『sweet』 SNS広告も運用し、目標KPI値を大きく上回った。

● 出演者

『with』(講談社)
17年12月号 鈴木ちなみさん(タレント)
18年 1月号 早見あかりさん(女優)
18年 2月号 他

『ViVi』(講談社)
17年12月号 八木アリサさん(モデル)
18年 1月号 玉城ティナさん(モデル)

『JJ』(光文社)
17年12月号 筧美和子さん(モデル／女優)
18年 1月号 有末麻祐子さん(モデル)
18年 2月号 真野恵里菜さん(女優)

『ar』(主婦と生活社)
17年11月号 村瀬紗英さん(NMB48)
17年12月号 わたなべ麻衣さん(モデル)

『sweet』(宝島社)
17年11月号 宮田聡子さん(モデル)
17年12月号 野崎萌香さん(モデル)

SUMMARY

効果
読者が来店、売り上げ増
▶SNSや動画からブランドサイトへの流入増
▶ブランド認知度アップ

広告主の声
「媒体の選定理由」
20代〜30代の女性というターゲットがマッチしたこと。それから、ファッション誌ならではの企画力に加え、タレントさんのアサイン力が魅力でした。

〈解説〉出版コンテンツ 活用ポイント

地方店舗への集客という課題に対し、雑誌のキャスティング力をフル活用。著名人が全国店舗へ赴き、「あの人が着けていたリングを見に来ました」という来店客も多くいました。SNSでの拡散も行い5誌連動ならではのリーチ力となりました。

▶WEBサイト ▶動画 ▶屋外広告 ▶店頭

ニコンイメージングジャパン「D7500」
×
枻出版社『Surftrip JOURNAL』『RETRIEVER』『BiCYCLE CLUB』『フィールドライフ』

媒体に即した4つのアウトドアシーンで動画と誌面、サイトを作成

ニコン D7500「EXCITING WEEKEND」

■広告主：ニコンイメージングジャパン
■商品名：ニコンデジタル一眼レフカメラ D7500
■媒体名：『Surftrip JOURNAL』2017年9月号、『RETRIEVER』2017年7月号、『BiCYCLE CLUB』2017年8月号、『フィールドライフ』2017年夏号（いずれも、枻出版社）
■読者ターゲット：趣味を充実させている人
■施策時期：2017年6月〜7月
■施策目的：趣味のシーンでの一眼レフカメラの活用を訴求し、新規顧客を開拓
■広告会社：電通

●誌面展開と動画　4つのアウトドアシーンで週末を楽しむ大人に密着。

058

ニコンイメージングジャパンは、一眼レフカメラ「D7500」の新規ユーザーの獲得を狙い、枻出版社のアウトドア雑誌4媒体と組み、編集タイアップ記事と動画、自社サイトを作成した。サーフィン、ドッグスポーツ、自転車、キャンプの4つのアウトドアシーンにおけるカメラの活用を描いている。企画のテーマは「EXCITING WEEKEND」。プロサーファーの眞木勇人さん、サイクリングプランナーの田代恭崇さん、docdog編集長の前島大介さん、アウトドアコーディネーターの小雀陣二さんの1日に密着し動画とスチール撮影を行った。90秒の動画では、一眼レフを携えて仲間とアウトドアを楽しむ様子をエモーショナルに伝えたのに対し、雑誌の編集タイアップ記事では、週末を楽しむためのエピソードや実際にD7500で撮影した写真を紹介するなど、趣味を充実させるための一眼レフであることを訴求。自社サイトでは、4人が過ごした1日を追いながら撮影時のポイントも詳しく紹介した。タイアップの素材は、交通広告や店頭用の動画、小冊子などでの活用も行っている。

●WEBサイト（EXCITING WEEKEND）
動画が見られるほか、どんな写真が撮れるかがわかる。

●店頭ツール
小冊子も配布。店頭で動画を放映した。

●交通広告
大手町駅のデジタルサイネージ。

SUMMARY

効果
▶雑誌の読者が趣味を楽しむためにカメラを購入

広告主の声
「媒体の選定理由」
デジタル一眼レフカメラは趣味性が高く、カメラ専門雑誌を読まれているお客様が大変多くいらっしゃいます。しかし、今回の企画は「趣味を仲間とより楽しんでいただくため」に写真撮影を提案するもの。枻出版社さんは様々な趣味についての雑誌を発行されていて、なおかつ記事の質が高いことが決め手でした。

〈解説〉出版コンテンツ 活用ポイント
「趣味を充実させるための一眼レフ」を趣味誌と組んで打ち出し、新規ユーザーとの接点を拡大。コンテンツをオウンドメディア、店頭ツールなどにも活用し、販売増に貢献しています。

▶WEBサイト ▶動画 ▶イベント

ソフトバンク「ワイモバイル」×新潮社『ニコラ』

雑誌モデルを起用し、クラブを結成
本誌、動画、リアルイベントを展開

ニコラ学園ワイモバスマホ部

■広告主：ソフトバンク
■商品名：ワイモバイル
■媒体名：『ニコラ』2017年11月号〜
■読者ターゲット：中学生の女の子
■施策時期：2017年10月〜2019年3月
■施策目的：スマホデビューに「ワイモバイル」を選んでもらう
■広告会社：博報堂

●誌面展開

楽しく・安全にスマホを使うことをテーマにしつつ、写真やイラストを多用してにぎやかに。

●撮影会

学割商戦時期の12月〜3月に、ショッピングモールでニコラモデルの来店イベントを開催し多数の親子が来店。

●動画

部活動の動画を配信。

●MV（HoneyWorks）

クリエイターユニットHoneyWorksとコラボしたMVにはワイモバスマホ部メンバーが登場。

『ニコラ』のモデルたちを起用して結成された「ニコラ学園ワイモバスマホ部」。これはローティーンの「スマホライフ」を盛り上げていくための「部活動」を行い、『ニコラ』本誌や動画で発信するという企画だ。ワイモバイルのCMダンスを踊るなど、にぎやかな部活動の中で、「ワイモバイル」の学生向けサービスやキャンペーンも訴求している。

2017年からの好評を受け、2018年から開始した第2期では、クリエイターユニット「HoneyWorks」と「ワイモバスマホ部」のコラボを行い、オリジナルのイラストや楽曲、ミュージックビデオを制作していく過程を伝え、読者や視聴者を楽しませた。

関東近郊のショッピングセンターでは、ワイモバスマホ部と写真が撮れる撮影会を実施し、多数の親子が来店。その場で契約獲得にも至った。そのほかにも、『ニコラ』の表紙モデルになれるデジタルコンテンツを配信するなどして接点を拡大。ターゲットとなるローティーンの興味をくすぐるコミュニケーション施策を継続して行った。

● WEBサイト

動画やプレゼントキャンペーンなどの楽しめるコンテンツだけでなく、「スマホルールリスト」を掲載するなど、ターゲットのスマホデビューを後押しした。

SUMMARY

効果
- イベントで契約獲得
- ターゲットの商品への好意度アップ
- SNSでも話題に
- 300万回再生を突破するコラボ楽曲も

広告主の声
「媒体の選定理由」
今回のターゲットは、テレビCMやデジタル広告では情報を届けづらい「まだスマホを所有していないローティーン」。この層にワイモバイルの情報を効果的にリーチさせるため、『ニコラ』と組みました。

〈解説〉出版コンテンツ 活用ポイント

ターゲットの憧れであるニコラモデル、ニコ㊟を起用して"部活動"を展開。動画を配信して接点を広げ、ニコ㊟と撮影できるイベントは親同伴を条件にすることで契約につなげました。

CHAPTER2 広告主の雑誌活用事例 061

▶付録　▶WEBサイト　▶SNS　▶動画　▶イベント　▶屋外広告

ロエベ ジャパン×ハースト婦人画報社『エル・ジャポン』

雑誌、付録、ムービー、交通広告、書店イベントのフル展開

Close to Paradise, In to the wild

■広告主：ロエベ ジャパン
■商品名：「パウラズ イビザ」コレクション
■媒体名：『エル・ジャポン』2018年6月号、2019年6月号
■読者ターゲット：スタイリッシュでパワフルな人生を自分らしく楽しみながら、世界の動きを敏感に受け止め、流行をリードする女性たち。
■施策時期：2018年4月～5月、2019年4月～6月
■2018年：ADK／マインドシェア・メディアセンター
2019年：L'Atelier Japan（メディアプランニング）、ADKマーケティング・ソリューションズ（バイイング）

●誌面展開

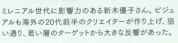

ミレニアル世代に影響力のある新木優子さん。ビジュアルも海外の20代前半のクリエイターが作り上げ、狙い通り、若い層のターゲットから大きな反響があった。

●付録

付録をつけた特別版の雑誌を限定発売することで、書店にもメリットがうまれた。

●イベント（代官山 蔦屋書店）

●交通広告（渋谷駅前）

デジタルサイネージで動画を放映。

ロエベ ジャパンは、スペイン・イビザ島に1972年から2000年まであった伝説的ブティック「パウラズ イビザ」とのコラボコレクションを発表し、そのプロモーション施策として『エル・ジャポン』と組んだ。

2018年6月号の編集タイアップ記事では、女優・モデルの新木優子さんがコレクションを着こなし、その様子はムービーでも撮影。「エル・オンライン」や、デジタルサイネージでも放映した。またタイアップ掲載号の特別版として、「ロエベ」の付録を付けた『エル・ジャポン』特別版を1000部限定で全国のTSUTAYAにて発売。付録の内容はコレクションの柄を用いたスペシャルボックス、ウォーターボトル、ボトルポーチのセットだった。さらに代官山 蔦屋書店内にポップアップストアを14日間オープンし、コレクションを販売。書店内で新木優子さんらが登壇するパーティに読者を招待し、コレクションの世界観を伝えた。2019年6月号では「ロードトリップ」をテーマに編集タイアップを行い、移動型のトレーラーでポップアップショップを全国7か所で開いている。

● トレーラー
2019年は「ロードトリップ」をテーマに、ラッピングされたトラックとトレーラーが全国を横断。「エル」と組んだSNSキャンペーンも実施。

● 動画

コレクションの世界観を動画でも表現した。

● WEBサイト(エル・オンライン)

SUMMARY

効果
▶商品完売
▶新しい層の顧客の開拓

広告主の声

「媒体の選定理由」
「パウラズ イビザ」コレクションの"ヘルシー、煌めく太陽、OPENでいながらラグジュアリー"といったイメージが『エル・ジャポン』と合致していたことに加え、KOLの起用に優れた雑誌の力が新規顧客の開拓に活用できると考えました。

〈解説〉出版コンテンツ 活用ポイント

雑誌を主軸に、オンライン、動画、屋外広告、SNS、読者参加のイベントと360度展開で、コレクションのコンセプトを伝えました。ビジュアルのこだわりはもちろん、コンセプトとイベントをリンクさせるなど、特別感を演出することで、訴求力のあるものになりました。

▶WEBサイト　▶SNS　▶動画

資生堂「アクアレーベル スペシャルジュレ」×集英社『LEE』

インフルエンサーのInstagram投稿
動画の外部配信で拡散

笑顔になれる「簡単！高機能ケア」

- ■広告主：資生堂
- ■商品名：アクアレーベル スペシャルジュレ
- ■媒体名：『LEE』2018年10月号
- ■読者ターゲット：30〜40代のおしゃれと暮らしを楽しむ女性
- ■施策時期：2018年9月
- ■施策目的：商品の認知拡大、購買意欲の向上
- ■広告会社：C Channel、サイバーエージェント

資生堂は、「アクアレーベル」のオールインワン「スペシャルジュレ」のプロモーションにおいて、『LEE』と組んだ。同誌でモデルを務め、SNSでの発信も活発なタレント・モデルの優木まおみさんを起用。

『LEE』本誌の編集タイアップでは、働くママでもある優木さんが、シンプルでも満足感の高い、今の自分にとってベストなライフスタイルを保つためのアイテムとして、商品を紹介。無料サンプルプレゼントの告知も行っている。

取材時には撮影を行い動画を作成。動画は、集英社と業務提携している女性向け動画メディア「C CHANNEL」内で配信したほか、雑誌の公式Instagramや優木さんのInstagramでも投稿された。1分の動画は、優木さんが忙しい日々の中でどんなスキンケアをしているかや、商品のつけ心地を語るもので、端的にメッセージが伝わるものに仕上げた。

『LEE』とは異なるユーザー層が閲覧する「C CHANNEL」やSNSとの連動で動画再生数を伸ばし、リーチを広げた。

● SNS（C CHANNEL公式Instagram）

● SNS（『LEE』公式Instagram）

雑誌の公式Instagramアカウントからも投稿することで、より広いリーチとなった。

● SNS（優木まおみさん公式Instagram）

優木さんのInstagramでは、動画の再生回数が2万9千回を超え、「誌面の記事も読みます」などと好意的なコメントが寄せられた。

SUMMARY

効果
▶認知拡大に貢献
▶商品に対する好意的なコメントが集まる

広告主の声

「媒体の選定理由」

テレビ・デジタル・雑誌・インフルエンサーと多面的に接点をつくるプランの中で、お客さまのニーズを捉え、ブランドを魅力的に紹介してくれる雑誌の力に加え、デジタルと連携して広く届ける企画でした。

〈解説〉出版コンテンツ 活用ポイント

インフルエンサーを起用したInstagramでの情報発信、「C CHANNEL」特有の短くわかりやすい動画、良質な暮らしを求める読者をくすぐる雑誌のタイアップ記事。3つが掛け合わさりシナジー効果が生まれています。

CHAPTER2　広告主の雑誌活用事例

▶WEBサイト　▶SNS　▶動画

日本マクドナルド「グラン」× 東京カレンダー「東京カレンダーWEB」

シズルのある動画で反響大
WEBからテレビCMへ二次活用

新レギュラー グラン
「堀田 茜」篇

■広告主：日本マクドナルド
■商品名：グラン
■媒体名：「東京カレンダーWEB」
■読者ターゲット：首都圏に住む20代後半〜40代の男女
■施策時期：2017年4月〜7月
■施策目的：ハンバーガー「グラン」の認知拡大
■広告会社：電通

●WEB（東京カレンダーWEB）

ページトップに動画を入れ、肉厚ビーフバーガーを紹介。

●動画

モデル堀田茜さんがバーガーにかぶりつく動画に「かわいい」「おいしそう」といった反響が。

「事件です！」と、こぶしを握り締めるのは、真っ赤な背景に赤い衣装を着たモデルの堀田茜さん。彼女が見つめるのは、マクドナルドが8年ぶりに出したビーフの新レギュラーメニュー「グラン」。ハンバーガーを片手に、思わず二度見したり、にっこりと笑ったり。そして、大きな口を開けてかぶりつき、そのおいしさに再び驚きと笑みをこぼし、「本格肉厚」と商品の特徴を強調した。

この10秒動画を作ったのは「東京カレンダーWEB」。マクドナルドは「グラン」の認知向上のため、「東京カレンダーWEB」と編集タイアップを行い、動画を組み込んだ記事を配信した。

動画はマクドナルドの公式サイトでの掲載に留まらず、そのクオリティーの高さから、テレビ用に再編集を施し、地上波CMとして、全国で放映することになった。

さらにマクドナルドの公式ツイッターでも拡散したほか、堀田さんが自身のInstagramに動画を投稿したことで注目を集めた。

●テレビCM
WEB用動画を地上波CMに再編集。

●マクドナルドWEBサイト・SNS（Twitter）
「グラン」は発表5日で300万食売るヒット商品に。

SUMMARY

効果
▶期間限定商品並みの反響
▶再購入意向が高い
▶購入理由は「美味しそう」と、商品のこだわりと美味しさの訴求に成功

広告主の声

「媒体の選定理由」
まずは「食べてみたい！」というきっかけづくりになるコミュニケーションがカギです。コミュニケーションの中心は"8年ぶりの新レギュラー"に加え、"ふわふわバンズ""肉厚ジューシー"といった「おいしさ」。それを発売時期に拡散するため、「東京カレンダーWEB」をはじめとした、トレンドに強く、今回特に召し上がっていただきたいターゲット層に親和性のある媒体と組みました。

〈解説〉出版コンテンツ 活用ポイント
WEBマガジンで制作した動画をテレビCMに活用。商品の魅力を引きだすコンテンツの力がメディアプランを拡げました。

▶抜き刷り ▶WEBサイト ▶EC ▶WEB広告 ▶イベント ▶店頭

バナナ・リパブリック×小学館『Oggi』『Domani』

人気エディター、スタイリストのコーディネートで店頭、ECへ集客

旬顔アイテムではじめる
春の「好印象スタイル」／
高見え＆クリーンな大人配色

■広告主：バナナ・リパブリック
■媒体名：『Oggi』2018年4月号／『Domani』2018年5月号
■読者ターゲット：『Oggi』30代女性／『Domani』アラフォー世代の女性
■施策時期：2018年2月〜3月
■施策目的：購買促進、店頭集客、EC集客
■広告会社：ADKマーケティング・ソリューションズ

●誌面展開
『Oggi』　『Domani』

二次活用

●EC（バナナ・リパブリック）

『Domani』掲載商品がECの売り上げの2割を占めることも。「大人な配色」がテーマだったことも、売り上げを後押しした。

●店頭配布ツール

068

バナナ・リパブリックは、ベーシックスタイルのコーディネートに定評がある『Oggi』のエディター三尋木奈保さんと、『Domani』で活躍するスタイリストの望月律子さんを起用し、編集タイアップを展開。『Oggi』では春のスタートにふさわしい「好印象スタイル」、『Domani』ではベーシックカラーとトレンドカラーの「大人な配色」をテーマに、スタイリングのポイントを解説。どのような印象を演出できるか、着回しアレンジなど、説得力のある商品紹介を行った。編集タイアップ誌面は、抜き刷りにして店頭配布や、顧客への送付を行ったほか、バナナ・リパブリックのECサイトへも転載し集客を図った。また誌面素材をポスターやメール、バナー広告などにも、多角的に活用している。『Oggi』では雑誌発売後に、三尋木さんと守屋美穂編集長（当時）が登壇するイベントをバナナ・リパブリック マロニエゲート銀座3店で開催。春のおすすめスタイリングをテーマに、当選者にスタイリングアドバイスを行うなどし、立ち見が出た盛況なイベントの様子は、『Oggi』のWEBサイトでもレポートされた。

●イベント

人気エディターの三尋木奈保さん、Oggi編集長らが登壇。

●店頭サイネージ

●デジタルバナー

『Oggi』掲載と書いた広告が最も反応が良かった。

SUMMARY

効果

▶説得力のある訴求で購買意欲の向上
▶メールの開封率・クリック率の上昇
▶ECでの商品コンバージョン率アップ

広告主の声

「媒体の選定理由」
ターゲットが合致していて、ブランドイメージとも親和性が高いこと。また、ビジュアルと共に説得力のあるスタイルの提案や文章での訴求をしてくれることが理由です。2誌の読者にとって、マストブランドになることを長期的に目指しています。

〈解説〉出版コンテンツ 活用ポイント

出版コンテンツを360度フル活用。人気エディター、スタイリスト、編集長など、影響力ある「中の人」も積極的にかかわることで、臨場感を伴った立体的な訴求が可能となりました。

▶イベント ▶SNS

ソニー「It's a Sony 展」×マガジンハウス『POPEYE』

編集部が展示をプロデュース
展示内容を深めたタイアップ記事も掲載

My Favorite Sony

■広告主：ソニー
■媒体名：『POPEYE』2017年2月号
■施策時期：2016年11月～2017年2月
■施策目的：ソニーファンの著名人の思い出の品をコメントとともに展示
■広告会社：博報堂

●誌面展開

パークとして生まれ変わるソニービルへの一言とともに、ソニー製品の思い出を著名人が語る。

●SNS(Instagram)

『POPEYE』のSNSからも展示の開催について発信。

ソニーは銀座の「ソニービル」を2017年3月末に閉館し、2020年秋までは期間限定でビル跡地を「Ginza Sony Park」として活用、2022年を目途に新ビルを建設すると発表した。50年の歴史がある同ビル閉館を前に、ファンへの感謝を表す展示「It's a Sony展」を実施。展示の導入部分を、同じく銀座に編集部を構える『POPEYE』がプロデュースした。『POPEYE』は2016年に創刊40周年を迎えている。

「10個上の地元の先輩に捧げる」企画として、実現したのは著名人に実際に使っていた大好きなソニー製品を聞く、というもの。大根仁監督、スチャダラパーのANIさん、藤原ヒロシさん、みうらじゅんさん、水曜日のカンパネラのコムアイさんなど10人が、思い出のエピソードを寄せ、製品を展示。来場者を楽しませた。

展示の公開後に発売した『POPEYE』本誌では、16ページのタイアップ記事を掲載。先行して行われた展示の取材に追加して、全18人の「My Favorite Sony」を紹介し、それぞれのソニー愛を浮き彫りにした。

●イベント（It's a Sony展）

著名人が使っていたソニー製品を『POPEYE』のバックナンバーとともに展示。

SUMMARY

効果
▸昔の製品を懐かしむ声
▸昔の製品を知らない若者からは新鮮な反応

広告主の声
「媒体の選定理由」
2016年にソニービルが50周年、『POPEYE』が40周年という節目を迎えました。銀座という土地で、同じ時代を走ってきた者同士がコラボすることで、来館者と読者のそれぞれの思い出がシンクロし、より深いものにすることを狙いました。

〈解説〉出版コンテンツ 活用ポイント

誌面を2次活用する通常の流れとは逆で、展示用の取材に追加して、誌面制作が行われています。コメントを寄せた、ソニーファンの著名人の歴史と、ソニーの歴史が掛け合わさり、深みのある展示になりました。

▶カスタム出版　▶WEBサイト　▶店頭

フォルクスワーゲン×スイッチ・パブリッシング『SWITCH』

雑誌の切り口で冊子を制作
車にまつわる物語

フォルクスワーゲンと6つの旅の物語

■広告主：フォルクスワーゲン
■商品名：アルテオン、ザ・ビートル、ティグアン、ゴルフ R ヴァリアント、ゴルフ オールトラック
■施策時期：2018年3月～6月
■施策目的：ブランドへの親近感、愛着、購買意欲の喚起
■広告会社：博報堂

●WEBサイト

『SWITCH』　　フォルクスワーゲン

冊子の紹介と共に、フォルクスワーゲンのWEBサイトへ誘導。

フォルクスワーゲンのWEBサイトより冊子の申し込みができた。過去にも他雑誌と組んで冊子を制作している。

フォルクスワーゲンは、『SWITCH』編集による雑誌風の冊子を制作した。テーマは「フォルクスワーゲンとの旅」。『SWITCH』の持つネットワークを活かして6組の表現者をキャスティングし、車の専門誌とは異なる切り口でコンテンツを展開した。

アルテオンに乗った俳優のオダギリジョーさんのフォトストーリーとインタビューに始まり、ダンサーの首藤康之さんと写真家の操上和美さんは箱根にドライブ。ミュージシャンの渡辺俊美さんは、息子に弁当をつくるため、ティグアンで小田原へ買い出しに。女優の広末涼子さんは、アルテオンに乗って益子焼の里を訪ねる小旅行へ。写真家・池田晶紀さんや冒険家の佐々木大輔さんも登場し、フォルクスワーゲンの出てくる映画や音楽も紹介した。

冊子は、フォルクスワーゲンの公式サイトやイベント・販売店で配布し、新たなブランドイメージの創出とリード獲得につなげている。『SWITCH』本誌とWEBサイトでも冊子の告知を行った。（現在配布終了）

●誌面展開

創刊から30年以上培ってきた信頼関係を活かし、バリエーションに富んだ人選を叶えた。

フォルクスワーゲンの車が登場する映画を紹介。車のカタログや情報誌とは一線を画した内容で読者を惹きつけた。

SUMMARY

効果
▶公式サイトからも冊子の申し込み多数
▶イベントのインセンティブに
▶車への関心が高くない人にもリーチしリード獲得

広告主の声
「媒体の選定理由」
雑誌は、扱う情報の広さ・深さ・編集力・見せ方など、他の媒体にはなく、純広告では実現できない、「雑誌ならでは」のコミュニケーションが可能です。『SWITCH』も唯一無二の編集力と個性があり、それが決め手となりました。

〈解説〉出版コンテンツ 活用ポイント

『SWITCH』ならではの切り口とキャスティングで、車に関心が高くない人でも受け取りやすい冊子。サイトからの申込者などに配布しリードを創出しました。

三菱地所グループ×文藝春秋 月刊『文藝春秋』

写真家と作家による連載シリーズでブランディング

人を、想う力。街を、想う力。
三菱地所グループ

- ■広告主：三菱地所グループ
- ■媒体：月刊『文藝春秋』
- ■読者ターゲット：50～70代の男女（6:4）
- ■施策時期：2008年～2010年、2017年～
- ■施策目的：丸の内のブランディング
- ■広告会社：ADKマーケティング・ソリューションズ

●誌面展開

写真家は「人物の生き生きとした表情を上手に撮れる」人を起用。ロケハンをし、場所やシチュエーションを決める際には、写真家から提案があることも。

作家は「独特の世界観があり、写真家や自分の世界を文章で表現するのが得意」な人を起用。あえて、商業コピーのようなものではなく、作家自身の世界観が際立ったものに。

月刊『文藝春秋』では、丸の内にいる人々の姿を写真とエッセイで切り取る、三菱地所グループのタイアップシリーズを掲載している。これは丸の内のブランディングを目的にしたもの。写真家が撮影した写真に、作家がエッセイを添える1ページの企画だ。写真に写し出されるのは、東京駅前常盤橋プロジェクトの工事現場にいる人、二重橋スクエアの広場でイルミネーションを楽しむ人など、三菱地所が開発に携わった場所と、そこにいる人々だ。

エッセイの最後には、同社グループのブランドスローガン「人を、想う力。街を、想う力。」が入る。街に住む人、働く人、訪れる人の声に耳を澄まして、空間に求められる価値を創造していこうという姿勢がタイアップ記事でも表現されている。これまで起用されてきたのは、作家の綿矢りささんと写真家の田渕睦深さん、作家の窪美澄さんと写真家の今津聡子さん、作家の原田マハさんと写真家の前康輔さんなど。『文藝春秋』ならではのキャスティング力が生かされた企画だ。

広告を二次活用して社内に展示した際には、社員が被写体になっていることもあり、会話のきっかけとなった。「その場所に行ってみたくなる」との声も。

SUMMARY

効果
▶読者から問い合わせ
▶お客様との会話のきっかけに

広告主の声
「媒体の選定理由」
雑誌の魅力は、一定の読者層に向け媒体の価値観も帯びながら繰り返しコミュニケーションを図ることができることです。今回の広告では、街や企業の姿勢にエモーショナルな共感を得ることを目指し、表現力の高い作家や写真家のアサインが可能であることから『文藝春秋』さんと組みました。

〈解説〉出版コンテンツ 活用ポイント

出版社、媒体のネットワークを最大限に活用した作家・カメラマンのアサインと雑誌ならではの情緒のある構成、そしてそれを継続して展開することで、企画自体にストーリー性が生まれています。

CHAPTER2 広告主の雑誌活用事例

▶純広告 ▶WEBサイト ▶SNS ▶イベント ▶屋外広告

ファンケル「アクティブコンディショニングEX化粧液」×『東京タラレバ娘』

漫画コラボで新キャラクターも開発

アガる↑キャンペーン

■広告主：ファンケル
■商品名：アクティブコンディショニングEX化粧液※販売終了（後継商品：エンリッチ 化粧液）
■媒体名：『Kiss』2016年12月号、『VOCE』2016年11月号、『FRaU』2017年1月号等
■施策時期：2016年9月～2017年3月
■施策目的：化粧液の認知拡大
■広告会社：電通

●誌面展開

ターゲット層が読者である『Kiss』『VOCE』『FRaU』に出稿した純広告。

●キャラクター開発　●ジェネレーター

ダメ出しをする作中キャラクターの「タラ」「レバ」に対し、ターゲットの気持ちをアゲてくれる「おアゲ」。このおアゲを軸にプロモーションを実施。

まるで東村アキコさんの漫画に自分が登場したかのようなキャラクターと4コマが生成される。遊びながら肌診断ができる仕組みを作り、SNS上で拡散された。

ファンケルは、30〜40代女性向けエイジングケア化粧品のプロモーションで、ターゲット層から人気の高い、漫画『東京タラレバ娘』とコラボレーションしたキャンペーンを実施した。肌も気持ちも「アガる」をキーワードに、漫画家の東村アキコさんが「おアゲ」というオリジナルキャラクターを新たに開発。漫画雑誌『Kiss』と美容雑誌『VOCE』、ライフスタイル誌『FRaU』等で純広告を掲載したほか、交通広告やサンプリングイベントも実施。『東京タラレバ娘』のキャラクターが道行く人の目を引いた。

デジタル施策では「東京タラレバ肌娘4コマジェネレーター」を展開。ユーザーが5つの質問に答えると、「タラレバ肌度」が診断され、自分のオリジナルキャラクターが作れるというもの。4コマ漫画も自動生成され、作ったキャラクターをSNSでシェアすると「おアゲ」のLINEスタンプをもらえる仕組みで反響を呼んだ。

漫画とのコラボレーションで間口を広げ、スキンケアや商品への関心を呼び起こした。

●交通広告

東京や大阪の各駅構内や電車内で広告を展開。また、新宿駅構内ではサンプルや絵馬型ステッカーを配布し、「アガる↑祈願所」イベントを実施した。

●LINEスタンプ

SUMMARY

効果

▶売上増

▶商品認知度向上

▶課題としていた「自分向けに感じる」などのイメージの向上

広告主の声

「媒体の選定理由」

商品ターゲットの年代で人気を誇る『東京タラレバ娘』の力を借りて話題化することで、ファンケルへの興味・商品理解促進、および情報拡散を狙いました。

〈解説〉出版コンテンツ 活用ポイント

「フェイスラインのこの違和感が、気のせいだったら…」などと人気キャラクターがつぶやく広告で、商品への関心を高めています。キャラクターを軸に、LINEスタンプや4コマジェネレーターなど接点を広げています。

▶WEBサイト　▶SNS　▶屋外広告

Twitter Japan「Twitter」× 小学館『DIME』

雑誌恒例企画の資産を活かして話題性のあるキャンペーンに

#平成を語ろう

■広告主：Twitter Japan
媒体名：『DIME』（DIMEトレンド大賞）
■施策時期：2019年3月～5月
■施策目的：Twitter既存利用者のツイート増、新規利用者の獲得
■広告会社：電通

● WEBサイト（#平成を語ろう）

● WEBサイト（@DIME）

「@DIME」ではTwitter Japanの担当者のコメントなどを交え、キャンペーンやTwitterの新機能を紹介したタイアップ記事を掲載。

● 誌面展開

「DIMEトレンド大賞」の歴史と共に平成のヒットの法則を紐解いた。『DIME』にとっても、これまで培ってきた取材ネットワークなどの媒体価値を再認識する機会に。

改元のタイミングで約2ヶ月間公開したキャンペーンサイト。「DIMEトレンド大賞」と組み、トピックを選定。

Twitter Japanは改元に伴い、「#平成を語ろう」キャンペーンを実施。ニュース性の高い話題を取り上げるキャンペーンで、ツイート数の増加や、新規利用者の獲得を狙った。特設サイトでは、「iモード」「リーマンショック」「ポケモンGO」など、平成を象徴する140トピックを掲載。気になるトピックをクリックすると、その話題に関するツイートを検索できるほか、「#平成を語ろう」のハッシュタグつきで簡単にツイートができるようにし、盛り上がりを後押しした。キャンペーンの実施にあたっては、数々の企業とのコラボが必要だったが、20年に渡りヒット商品や次のトレンドを予感させるモノゴトを表彰してきた「DIMEトレンド大賞」と組み、エンターテインメント性の高いものから経済的な話題まで含め、平成の思い出を語り合えるトピックを選定、ビジュアルの制作を行った。キャンペーンでは、「たまごっち」や「エアマックス」を実物大で切り抜いた特殊中吊り広告や新聞広告も話題を呼び、4月30日〜5月1日の改元タイミングの関連ツイート数は1200万におよんだ。

●交通広告

「たまごっち」や「エアマックス」などを実物大で本物そっくりに印刷。車内で「懐かしい」と会話が生まれることも。中吊り広告の写真がツイートで投稿もされ、良い循環が生まれた。

●新聞広告

日経新聞に30段広告を掲出。ここでは経済に関するトピックを集めた。

SUMMARY

効果

▶改元のタイミング2日で1200万超のツイート

▶Twitterとリアル両方での話題の循環

▶平成を振り返るきっかけに

広告主の声

「媒体の選定理由」

「DIMEトレンド大賞」が1988年設立の歴史ある賞という信頼度と、平成を全てカバーする情報量、商品やサービスが中心の賞で、Twitter利用者にとっても馴染みが深いであろう点が決め手となり、コラボレーションしました。

〈解説〉出版コンテンツ 活用ポイント

オープンプラットフォームであるTwitterが、時代を象徴するモノ、コトを扱うキャンペーンを行うにあたり、「DIMEトレンド大賞」と組むことで、多くの企業が結びつきスムーズな制作につながっています。

▶ COLUMN

サッポロビール「赤星★探偵団」×講談社

3メディアで広告主のサイトを更新

「赤星」を置く名店を紹介

　明治10年に発売された日本最古のビールブランド「サッポロラガービール」は、ラベル中央に赤い星がデザインされていることから、ファンから「赤星」の愛称で親しまれている。レトロ感のある飲食店での取扱いが多いことが特徴で、若い世代からも注目を集め、売上数量をこの7年で約2.5倍に伸ばした。

　サッポロビール公式サイトの「サッポロラガービール」のページには、「赤星★探偵団」というコーナーが2016年から設置されている。「赤星」が飲める飲食店と、美味しい料理の情報を紹介するという内容だ。コンテンツを制作しているのは、講談社のデジタルメディア「現代ビジネス」、同「FORZA STYLE」、月刊誌「おとなの週末」の3メディアだ。

　探偵団の初代団長には赤江珠緒さん、2代目は尾野真千子さん、3代目は片瀬那奈さんが就任。団長が名店で赤星を片手に料理をつまむ様子をつづるコーナーと、赤星を置く店100軒をめぐることを目指す「大竹聡の赤星★100軒マラソン」のコーナーを「現代ビジネス」が担当。マッキー牧元さんがポテトサラダが旨いと評判の店でその美味しさとビールの相性を語る「ポテサラ酒場」は「おとなの週末」が更新。赤星の名店と定番服を語る「アニ散歩」は「FORZA STYLE」で人気の「アニキ」が担当。それぞれのメディアがコンテンツを更新することで、味のある、次が読みたくなるサイトが継続している。店舗一覧と記事コンテンツがリンクしており、店が探しやすい。

雑誌コラボでユニークな商品を開発したい、オウンドメディアをつくりたい

事業会社とは異なるユニークな視点で商品開発ができるのは、コラボレーションの魅力です。広告主が雑誌とともに新しい企画に挑み、商品のファンを広げた事例を紹介します。また雑誌のコンテンツ制作力を活かし、広告主の自社メディアの制作に出版社が携わるケースもあります。

▶商品開発　▶EC　▶屋外広告

ZOZO「ZOZOTOWN」×マガジンハウス『BRUTUS』

「夢を叶える」アイテムを開発して大特集
ECサイトで購入できる仕掛け

夢の値段 2015
powered by ZOZOTOWN

■広告主：ZOZO
■商品名：ZOZOTOWN
■媒体名：『BRUTUS』2015年2／1号
■読者ターゲット：メインは30代半ば
■施策時期：2015年1月13日〜3月31日
■施策目的：これまでにない商品開発による、「ZOZOTOWN」の話題化、新規・既存顧客の活性化。開設10周年の記念。
■広告会社：電通

●アイテム開発×誌面展開

ZOZOTOWNと編集部で、他では売っていないオリジナルアイテムを開発。例えば「カレーの取り寄せ」でも、最高の店と組んで、売っていないものをつくってもらう。そして値段をつけて実際に購入できるようにした。特集まるごと「買える」状態に。

誘導

●EC

誌面やZOZOTOWNのメルマガなどから特設ページへ誘導。開始直後からSNSで大きな話題となった。

ファッション通販サイト「ZOZOTOWN」(当時開設10周年)と『BRUTUS』編集部が協業し、夢を叶える体験やアイテムを制作、値段をつけて全商品を「ZOZOTOWN」で購入できるようにした。その商品は、青い地球と宇宙空間を背景に、世界に一つだけの宇宙映像が撮れる「ふうせん搭乗券」(129万6000円)や「樹齢1000年のオリーブの木」(1000万円)、レアものの「復刻スニーカー」(2020円)など。『BRUTUS』編集部ならではの視点で57アイテムが開発され、ファッションにとどまらず、フード、旅行、イベントなど多岐にわたった。特集は80ページにわたり、誌面では、商品が生まれるまでのエピソードや夢の体験を提供する人々を紹介。表紙の特集タイトルには「夢の値段2015 powered by ZOZOTOWN」と入れ、ZOZOTOWNとの連動企画であることが一目でわかる。雑誌の販売告知は新聞や交通広告で行われ、SNSでの話題から即売り切れとなる商品もあり、『BRUTUS』を起点に新たな顧客が流入するきっかけを作り出した。

中吊り広告や駅貼りポスターで雑誌を告知。

SUMMARY

効果
▶1000万円の木が売れた

▶社員に配布しインナーブランディングに。取引先からも好反応

広告主の声

「媒体の選定理由」
10周年を機に、ZOZOTOWNの開設以来お世話になっている雑誌メディアで、その特性を活かした新しい取り組みを目指しました。『BRUTUS』編集部には、企画案について非常に面白い、と前向きなスタンスを示していただきました。

〈解説〉出版コンテンツ 活用ポイント

『BRUTUS』は毎号の特集で、世界中さまざまなジャンルの先駆者との信頼関係を築いてきました。そのネットワークから、まだない夢のコンテンツを新たにつくり、販売力のあるZOZOとの協業で、これまでにない記憶に残る企画が実現しています。

▶商品開発　▶SNS　▶イベント

タカラトミー「リカちゃん」×光文社『VERY』

母親が子どもと一緒に
お人形遊びをしたくなるリカちゃんの開発

『VERY』2017年11月号

**VERYコラボコーディネート
リカちゃん**

■広告主：タカラトミー
■媒体名：『VERY』2014年11月号、12月号、2015年1月号、12月号、2016年12月号（第1弾）／2017年9月号、10月号、11月号、2018年4月号、12月号、2019年4月号（第2弾）
■読者ターゲット：30代を中心とした未就学児・幼児を持つ主婦層
■施策時期：2014年8月〜2017年6月（第1弾発売）／2017年11月〜（第2弾発売）
■施策目的：高感度主婦層が子どもに遊ばせたくなる「リカちゃん」の開発
■広告会社：電通

●商品パッケージ

"子どもに与えたい玩具" という視点から、子どもの情操教育に寄与する、"お人形遊びの本質的な価値" を探求。「コーディネートレッスン」できるリカちゃんに。

●コーディネートブック

ごっこ遊びでの "着回し" も計算し、アイテムは吟味を重ねた。

●誌面展開

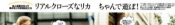

『VERY』2017年11月号

実際に『VERY』誌面に登場してもおかしくない、「リアルクローズ」を追求。「自分好み」「真似したくなる」と声があがった。

タカラトミーと『VERY』がタッグを組み、母親も欲しくなる、おしゃれなリカちゃん人形が誕生した。母親にとっても親しみのあるリカちゃんを「今の好みにしっくりくるデザインにして、子どもと一緒に遊んであげたい」。そんな母親たちの声をヒアリングし、彼女らが大切にしている価値観やセンスを子どもに伝承できるような、洋服、ヘア、メイクを追求した。

第1弾のリカちゃんは、3年連続で再販されるなど好調な売れ行きを見せたことから、1年の開発期間を経て第2弾を開発。2017年にリネンセットアップとリトルブラックドレスの2種を発売した。『VERY』のロゴが大きく入ったパッケージで、コーディネートブックも付け、2つのセットをミックスしてのコーディネートも可能にしている。『VERY』のタイアップ誌面では、「リカちゃんを通して遊びながらオシャレのセンスが身につくって素敵」といった声とともに、着回しコーディネートを紹介。イベント「VERY FES」では商品展示のほか、フォトブースの設置も行い、商品を告知した。

●SNS(Instagram)

リカちゃんでは珍しい「黒」のドレス。「#VERYリカちゃん」「#VERYコラボ」で多くの投稿が見られる。

●イベント(VERY FES)

『VERY』のイベントでフォトブースを設営。商品展示も。

SUMMARY

効果
▶ユーザーの年齢層が広がった
▶「オシャレ」を学ぶ玩具としての価値向上
▶元ユーザーである母親の心をくすぐり、親子でリカちゃんファンに

広告主の声

「媒体の選定理由」

『VERY』はリカちゃんで遊ぶお子様の親御さんが読者層です。リカちゃんは50年以上も続くお人形ですから、"昔リカちゃんで遊んでいた"、かつ"30代に人気の雑誌である『VERY』読者"に訴求した商品開発をすることで、「オシャレ」を通じて「親子でコミュニケーションを取っていただける」リカちゃんになるのではと思い、オファーさせていただきました。

〈解説〉出版コンテンツ 活用ポイント

当時、派手なものが主流だったリカちゃんを、リアルクローズの着回しができるものに。単なる着せ替え遊びに留まらず『VERY』読者のセンスを伝承できる、情操教育として買い与えたくなるリカちゃんになりました。

▶抜き刷り　▶プレゼント企画　▶商品開発　▶WEBサイト　▶店頭

トッズ×小学館『Precious』

雑誌の周年企画に合わせ、理想のコラボアイテムを開発

**Precious × brand
Dream Collaboration**

■広告主：トッズ・ジャパン
■商品名：「Dスタイリング」バッグ、「ゴンミーニ」シューズ、「ダブルT」カードケース
■媒体名：『Precious』2019年4月号
■読者ターゲット：40代が中心の働く女性。職場では責任のある立場で、私生活でも多忙のため、効率よく買い物をする。
■施策時期：2019年3月
■施策目的：創刊15周年記念コラボレーション商品の制作・発売と、雑誌ブランドを活用したイメージ醸成
■広告会社：ADKマーケティング・ソリューションズ

●誌面展開

コラボアイテムは、ブランドの持つ品の良さを大切にしながらも、新鮮なデザインに。読者プレゼントも行った。

大人の女性に似合う配色のバッグは完売後も問い合わせが続いた。大都市だけでなく地方店でも反響があった。

『Precious』は、創刊15周年を記念して、複数のラグジュアリーブランドと組んだアイテムを開発し、毎号読者1名にプレゼントする年間企画を2019年4月号より実施。成熟した大人の女性たちが、身にまとうことで心がときめき、かつ実用的である理想のアイテムを目指している。

　ブランドとのアイテム開発第1弾は、上質なレザーが人気のトッズ。セレブリティも愛用してきた「Dスタイリング」バッグと、「ゴンミーニ」シューズを、『Precious』で活躍するスタイリストの押田比呂美さんが選んだ素材と配色で仕立て、カードケースも含め3点のコラボアイテムが誕生した。

　雑誌の誌面では、品よく華やかなコラボアイテムができあがるまでの過程を、デザイン画や熟練の職人の技、細かい部分のこだわりも含めて紹介。カジュアルにもエレガントにも使いこなせることを伝えた。コラボアイテムはトッズの店舗で販売し、雑誌記事の抜き刷りは、店頭でも配布。WEBサイト「Precious.jp」でもアイテムを紹介した。

●WEBサイト（Precious.jp）

コラボ商品のこだわりを解説した。

アイテムの紹介とともに、上質な素材や巧みな職人技を伝えた。

SUMMARY

効果
- 新規顧客獲得
- コラボ商品目的の来店多数
- 全国で反響があり、1か月で完売

広告主の声

「媒体の選定理由」
デジタルと比較しても雑誌の影響力は大きく、タイアップ毎に必ず反響があります。『Precious』のターゲット層と相性が良いことはもちろん、こちらの打ち出したいイメージやブランドの核となる部分をくみ取り、丁寧に訴求してもらえることが大きな理由です。

〈解説〉出版コンテンツ 活用ポイント

トッズを知る顧客のみならず、新規客獲得や地方店の売上にも貢献したコラボアイテム。写真の美しい誌面でブランドを魅力的に伝えています。

▶商品開発　▶WEBサイト　▶SNS　▶動画

花王「フレア フレグランス IROKA」
×
コンデナスト・ジャパン『VOGUE JAPAN』

ビジュアル開発をアドバイス
商品の世界観を伝える

 ×

センシュアルな美、香りたつ。

■広告主：花王
■商品名：フレア フレグランス IROKA
■媒体名：『VOGUE JAPAN』2018年5月号
■読者ターゲット：30代、40代を中心とした感度の高い女性
■施策時期：2018年3月〜4月
■施策目的：パッケージデザイン、キービジュアルの開発とプロモーション
■広告会社：電通

ビジュアルアドバイス
● 商品パッケージ
3つの香りの柔軟剤のデザインを『VOGUE JAPAN』がアドバイス。

● キービジュアル
「センシュアルな女性美」を表現。

● 誌面展開
美しい写真とストーリーで商品を紹介。

● WEBサイト（IROKA／花王）
商品は日経MJ2018年上期ヒット商品番付の前頭に。

2016年に誕生した柔軟剤「フレアフレグランス IROKA」は、ビジュアル開発アドバイザーに『VOGUE JAPAN』を迎え、2018年に刷新した。商品のコンセプトは、元ミス・ユニバース・ジャパン・ナショナル ディレクターのイネス・リグロンが打ち出した「センシュアルな美」。『VOGUE JAPAN』では、そのコンセプトを表す商品パッケージやキービジュアルのアドバイス、そしてプロモーション施策を担い、ファッション感度が高い女性に向け、洗練されたIROKAの世界観を発信した。モデルの国木田彩良さんの起用のほか、カメラマンなどのスタッフも『VOGUE JAPAN』がアドバイスしている。

　本誌では8ページにわたり編集タイアップを掲載。「All in the Scent 香る女。」と題し、一人の女性が自分を表す香りを見つけるまでのストーリーをビジュアルとともにつづった。『VOGUE JAPAN』のサイトではIROKAの世界観を表現した動画や、自分に合った香りを診断してくれるコンテンツも。SNSで情報を発信し、サイトへの誘導を図った。

●WEBサイト（All in the Scent 香る女。／VOGUE JAPAN）

自分に合った香りを診断できるコンテンツも設けた。

●動画

モデルの国木田さんが舞い、世界観を表現した動画。

SUMMARY

効果

▶他のプレミアム柔軟剤とは一線を画すパッケージ・キービジュアルの制作

▶美容感度の高いターゲットのトライアルの獲得

広告主の声

「媒体の選定理由」

美容・ファッション感度が高い方をターゲットとした際、時代の先端を行くファッション誌のアドバイスを受けることで日用品での「女性美提案」という新たな価値提案にチャレンジできると考えました。

〈解説〉出版コンテンツ 活用ポイント

企画商品ではなく長期流通する商品でのパッケージデザインやキービジュアルを開発。プロモーションまで担うことで貫徹したブランディングに寄与しています。

▸商品開発　▸WEBサイト

パナソニック「Jコンセプト」×小学館『サライ』

アクティブシニア層が乗りたいと思える電動アシスト自転車の開発

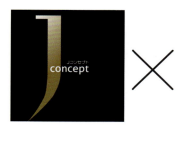 

Jコンセプト
電動アシスト自転車

■広告主：パナソニック
■媒体名：サライ2017年5月号、7月号
■読者ターゲット：50代以上の男女
■施策時期：2017年4月〜6月
■施策目的：アクティブシニア市場における電動アシスト自転車の開拓
■広告会社：電通

●商品

『サライ』が、読者投票と審査を経てシニアに優しい商品を表彰する「サライ大賞」（2017年度）にも、Jコンセプトの電動アシスト自転車が選ばれた。
※写真は2017年モデル。現行モデルとは仕様が異なります。

●誌面展開

日常の行動範囲を広げてくれる、大人のための自転車であることを機能とともに紹介。

自動点滅式の尾灯は山本一力氏の意見も参考にした。

アクティブシニア層が日常の足として乗りたいと思える電動アシスト自転車がほしい。そんな『サライ』編集部からの提案を発端に、パナソニック サイクルテックと手を組み、商品を開発。50〜60代の自転車愛好家やアシスト車に詳しい専門家による意見交換会、試作車の試乗を繰り返し、2年の歳月をかけて発売に至った。

ゆとりの時間が増えた世代の夫婦が求めるのは、気軽に街乗りを楽しめる自転車。「軽く・小さく・またぎやすく」というリクエストにこたえ、子乗せ電動アシストモデルと比べて約10キログラム減量し、コンパクトで乗降しやすいものに。『サライ』では、自転車を紹介する編集タイアップを掲載。また「自転車生活をはじめよう」と題した特集も組み、自転車愛好家である作家の山本一力さんの自転車生活を紹介するなど、身近な暮らしの楽しみを広げるツールとして自転車を位置づける編集企画も行った。サイト「サライ.jp」では、開発時の工夫を編集長自らが紹介。アクティブシニア市場における電動アシスト自転車の開拓につなげた。

● WEBサイト（サライ.jp）
編集長が商品開発の経緯からコンセプト・細部のこだわりまで伝えた。

日本人の暮らしに寄り添う家電シリーズ「Jコンセプト」の広告でも自転車を紹介。

SUMMARY

効果
▶販売好調
▶機能性とデザイン性の高さに若年層も注目

広告主の声

「媒体の選定理由」
「Jコンセプト」シリーズはトレンドセッターである雑誌メディアの方々に協力、共感をいただいており、今回の取り組みは『サライ』の小坂編集長のご提案から始まりました。商品コンセプトはターゲット層をよく知る『サライ』のご意見をもとに生まれました。

〈解説〉出版コンテンツ 活用ポイント

アクティブシニア世代を観察し続けている雑誌編集長の視点から、使い勝手と美しさを追求し、重厚なママチャリ型とは異なる電動アシスト自転車を開発。結果、若年層にも受け入れられる商品に。

▶商品開発　▶WEBサイト

カーサプロジェクト「カーサカリーナ」×宝島社『リンネル』

暮らしの心地よさを軸に住宅全体をプロデュース

カーサ リンネル

広告主：カーサプロジェクト
商品名：カーサ リンネル
媒体名：『リンネル』2018年4月号、2018年9月号、2019年5月号
読者ターゲット：毎日の暮らしを大事にしたい人
施策時期：2018年〜2019年3月（完成）
施策目的：『リンネル』ならではの視点を取り入れた住宅の制作
広告会社：フェルマータ

●カーサ リンネル（外観）

『リンネル』読者が好む「北欧」のエッセンスが入った「カーサ リンネル」。
フォトグラファー：Yumiko Miyahama

●誌面展開

カーサ リンネルが完成するまでの過程を「最新レポート」として公開した。

「玄関は土間のように広いスペースで、趣味を生かして週末だけお店を開きたい人にもぴったり」「高窓のあるベッドルームで、太陽のリズムが感じられる」など、どのように心地いい空間を作ったのかを誌面で紹介。

住宅メーカーのカーサプロジェクトと『リンネル』が組み、一軒家「カーサ リンネル」がつくられた。通常、家を建てる際には、まず家族構成にあわせて部屋数から決めるというセオリーがあるが、カーサリンネルでは「程よく家族の気配が感じられる家」「陽の光や風の中で過ごす贅沢を」「人が集い、繋がれる場所に」「今も未来も落ち着いて過ごせる空間」という4つの理想をまず掲げた。『リンネル』で活躍するインテリアスタイリストの石井佳苗さんも参加し、間取りから考え、『リンネル』が大事にする視点を盛り込んだ家づくりとなった。

その結果、1階は壁をなくし、部屋全体が見渡せる1部屋に。お風呂や洗濯ものが干せるランドリールームは2階にして、ベランダをなくした。その斬新さと機能性は、工務店からも驚きの声が上がった。

雑誌の誌面では完成までレポートを掲載。撮影素材は、カーサプロジェクトのサイトやパンフレットなどでも2次活用できるようにした。雑誌コラボの家は、テレビなどのメディア露出も多く、話題を呼んだ。

●打ち合わせ

プロジェクトメンバーのインテリアスタイリストの石井佳苗さん、『カーサプロジェクト』取締役の齊藤弓勢さんらが集まり、打ち合わせ。フォトグラファー：Akemi Kurosaka

●WEBページ（カーサプロジェクト）

WEBページでも「カーサ リンネル」の魅力を伝えた。

SUMMARY

効果
▶ 月間約100件の問い合わせ
▶ 雑誌コラボの話題性でメディア露出が増
・認知度向上

広告主の声
「媒体の選定理由」
効率よく安く建てる住宅は多く存在しますが、丁寧な暮らしを伝える『リンネル』がプロデュースしたらどんな家ができるか興味がありオファーしました。枠にはまらない間取りや玄関からすべて見渡せるオープンスペースに驚きました。

〈解説〉出版コンテンツ 活用ポイント

「暮らし」を大事にしている雑誌の視点で、従来の発想とは異なる住宅づくりが行われました。工務店への説明会では、編集長が登壇し、どんな人がこの家に関心を持つのかを語っています。

▶ カスタム出版

住友商事×リンクタイズ『Forbes JAPAN』

ブランドイメージを高める冊子で
新卒採用を円滑に

住友商事の流儀

■広告主：住友商事
■読者ターゲット：学生
■施策目的：学生が知りたい内容を編集記事風にリポートし、魅力を伝える。
■広告会社：博報堂

●誌面展開

上質な写真による社員ポートレート。

住友商事は採用活動に際し、『Forbes JAPAN』編集による100ページ強の冊子を作成。『Forbes JAPAN』のロゴを冠した表紙にし、雑誌と同クオリティーの社員ポートレートを掲載、レイアウトも雑誌にそろえた。記者が世界各国に出向き、大手総合商社である住友商事の事業内容をリポート。経済誌ならではの切り込んだ内容で、工業団地開発、鉄道事業などのプロジェクトにまつわるストーリーや、社員の想いなどを伝えている。「HAPPINESSを感じる瞬間」を社員に聞いたアンケートや、社員寮の探訪など、面接ではなかなか聞けない、学生が知りたい内容もちりばめ、学生やその家族に、企業のブランドイメージを印象付けた。

　住友商事の採用セミナーでは、代表取締役 社長執行役員CEOの兵頭誠之氏と『Forbes JAPAN』発行人(当時)藤原昭広氏のトークセッションを行った。リクルート用に作られた冊子だが、社内や大使館での配布も行い、PRツールとしての役割も果たした。2018年から2年連続で制作を行っている。

事業紹介はもちろん、社員の想いまで丁寧に伝えることで、読んだ人を会社のファンに。

●イベント(トークセッション)

新卒採用セミナーでは、住友商事社長と『Forbes JAPAN』発行人(当時)のトークセッションを実施。

SUMMARY

効果
▶内定者の獲得
▶社内外のブランディングツールとしても活用

広告主の声

「媒体の選定理由」
第三者の視点から当社の魅力をPRする、採用広報ツールとして制作しました。特に、『Forbes JAPAN』ブランドと取材力、洗練されたデザインに魅力を感じ、依頼。結果、期待通りの学生を惹き付ける仕上がりとなりました。

〈解説〉出版コンテンツ 活用ポイント

経済誌『Forbes JAPAN』のブランド力を最大限活かした表紙と、学生向けにビジュアルを重視した、厚みのある誌面構成で、住友商事の採用ブランディングに貢献しました。ひとつの会社を1冊の中で様々な視点から掘り下げています。

ブランディングやイメージ醸成に
効果を発揮する純広告

純広告の長所は、ブランディング力。広告主が制作するため、インパクトのあるビジュアルや構成で、より強烈にアプローチすることができます。そのため、商品やブランドの名称やメッセージ、世界観の訴求やイメージの醸成に適しています。また誌面を加工した特殊広告は、広告注目率、精読率において高い効果を発揮することが分かっています。

キユーピー
空中農場。
掲載誌:『家庭画報』2019年2月号 ほか

みずみずしい野菜のビジュアルとコピーに思わず雑誌をめくる手がとまってしまう、キユーピーの広告。シンプルに、でも、誠実に。野菜が食べたくなる、様々な切り口のシリーズ広告には、安心感がある。この広告はマンハッタンのビルの屋上にある空中農場で撮影。

帝国ホテル
音まで、お召し上がりください。
掲載誌:『文藝春秋』2016年8月号

おいしそうなお肉のビジュアルと共に、帝国ホテルの最上階にあるレストラン「嘉門」が、BGMを流していない理由が語られている。帝国ホテルをよく利用する世代が読者層にあたる『文藝春秋』で掲載。おもてなしの裏にあるストーリーを語ることで心に残るものに仕上げた。

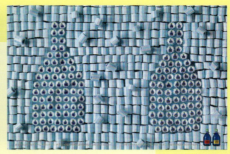
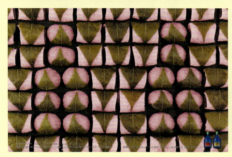

三和酒類
いいちこスーパー
掲載誌:『BRUTUS』2018年12月号、2019年1月号、3月号、4月号

抹茶や金太郎飴、桜餅、天ぷら。さまざまな食材で「いいちこスーパー」のボトルを表現している。継続して出稿しているシリーズ広告だが、その潔さと豊かな表現力で、ユーザーの目にはいつも新鮮に「いいちこスーパー」が映る。

トゥルースピリットタバコカンパニー
アメスピ1箱、進呈。
掲載誌:『メンズノンノ』2016年12月号

熟成葉をめくると、色とりどりの「ナチュラル アメリカン スピリット」と「アメスピ1箱、進呈。」の文字が現れる。雑誌を読むときに起こる「思いもよらぬ、面白い情報との出会い」とリンクする、読み手のアクションを促す広告。

CHAPTER2　広告主の雑誌活用事例　　097

味の素
こちら、"捨てたもんじゃない"フルコースです。
掲載誌:『anan』2018年4月号

"そういえば剥かなくてもよさそうな"人参の皮に"切りどころがなんだか曖昧"なエノキの根元、普段は捨てられてしまう部分が、次のページでは、ひと手間と調味料でフルコースに大変身する。"捨てたもんじゃない"部分に含まれる栄養素を説明し、"もったいない"の先の活用法を提示した。

オリックスグループ
あなたのプレーを見たい。
そう思えた時代を、ありがとう。
掲載誌:『Number』976号

210安打を放った1994年からずっとイチローを追い続けてきた『Number』の引退特集号「イチロー戦記。」の裏表紙。フルスイングするイチローの背中に、その活躍に寄り添ってきたオリックスグループから送られた感謝と応援メッセージが、大きな共感と感動を誘った。

CHAPTER 3

関心を集め、人を動かす編集力

同じ情報を伝えるにしても、その編集のしかたによって、人々の関心が集まるかどうかは変わってきます。求心力のあるメディアは、広告媒体としての価値も高い。読者も広告主も引き寄せるのです。驚きや提案があり、読者を夢中にさせるコンテンツは、どのように作られているのでしょうか。各誌の編集長が語る、雑誌独自の編集技法や、読者インサイトのつかみ方、広告主との組み方は、雑誌の文脈のなかで商品やサービスのメッセージを発信していく際のヒントになります。

今のママがどう行動したいか
リアルな日常に即した提案

『VERY』

今尾朝子 編集長（光文社）

『CLASSY.』にフリーライターとして参加後、光文社に入社。『STORY』編集部などを経て2007年より現職。2014年に第一子を出産し、働くママとして読者に寄り添う。

読者調査でつかむ、ママの葛藤

　『VERY』は、30代〜40代のママたちの日常に役立つ情報を扱っています。日常の情報といっても、今は情報が溢れているので、いくらでも雑誌に頼らずに情報を収集できるはずです。それでも「『VERY』が太鼓判を押す情報なら、読む」と言っていただけるのは、「VERY的な視点」に愛読者の方が共感してくださるからだと思います。「VERY的な視点」を具体的に言うと、例えば連休に子どもをアスレチックに連れていくとしたら、「子どもが満足するか」とか「無駄なく移動できるか」などの子ども視点やコスト面だけでなく、「パパと子どもが楽しんでいる間にママが休める場所もあるか」「帰りに立ち寄れる温泉があるか」といったところまで知りたい、というママ視点を入れるところです。時代によってママたちのしたいことは変わっていきます。それに合わせて「VERY的な視点」も変化する。今のママたちがどう行動したいか、に合わせた提案をするようにしています。

　ママのリアルな日常を知るために、編集部では常に読者調査をしていますし、私も読者と関係のある場所に出向くときは、観察しています。私自身はコアな読者層とはずれるので、自分の価値観と雑誌を混同しないように気を付けています。頭の中だけで考えて、いい企画かどうか判断できないものも、読者の方と話している中で、追求すべき点がわかってきて、より深い企画が出来上がったりします。ちょうど『VERY』は、モデルさんの世代交代時期で、30歳そこそこの、これからVERY世代になる若いモデルさんに入ってもらっています。30代後半〜40代前

半と、29、30歳のマインドは全然違うので、意識して若い世代にも話を聞くようにしていますね。

　『VERY』の読者層は35歳ぐらいが多くて、そこを頂点に山型で分布しています。読者の子どもの年齢でいうと山が2つあって、子どもが0〜3歳と、年長〜小1が多い。ママも子どもも新しい社会に入ってライフスタイルが変わる頃ですね。「この時期、他の人はどうしているの？」「どうすると効率的で、楽なの？」と意識したり、「どんなファッションが必要なの？」などと考えたいときに、『VERY』を手に取っていただいていると感じます。

　読者調査は、フリーランスのママライターさんから紹介のあった方や、雑誌にご登場いただいた方、街で気になった方などに、声をかけて行っています。深くお話を聞きたいので、1人ずつお会いするようにしていますね。複数の方と一緒にお話を聞こうとすると、話す側も、同席者に気をつかってしまうからです。反響があった企画に、2019年1月号の「『きちんと家のことをやるなら働いてもいいよ』と将来息子がパートナーに言わないために今からできること」があります。この長いフレーズは、読者のお話から出てきました。嫁や妻じゃなく「パートナー」という言葉を使ったのは、編集部の意図ですが、パパとママが協力し合う、本当の意味での共働きとは何なのかを取り上げました。1995年の創刊当時、『VERY』の読者は専業主婦がほとんどでしたが、今は過半数が働いています。仕事がありママである人たちの悩みや葛藤が、ファッションやカルチャーの企画でも出てくることが多いです。

　一方で専業主婦のママは、いろんな事情で専業を選択しているので、そこに誇りを持って当然だと思うのですが、最近、世の中的にも「働くママ」がフィーチャーされることの方が多いので、読者調査をすると、専業主婦の方がなんとなく引け目を感じている表現をされるときがあります。子どもが何人か生まれて、正社員としての働き方が難しかったり、病気や家族の問題が起こる場合もあります。「赤ちゃんの時期を大切にしたい」とか「どっちも中途半端になるなら今は子育てに集中しよう」とか。それぞれの価値観なので認め合えたらいい。でも、どうも感情的にそうなっていないな、と感じるので、「私たち、今は専業主婦です！」という企画を組んでみたり……。

　広告企画については、家族のことに一生懸命なママたちが「お出かけ先は？」「着ていく服は？」「子どもは？」と意識を向けていく、その先に、広告主の商品や

アイデアが役立ち、必要とされる、そんなストーリーも丁寧に描きたいと思って取り組んでいます。編集タイアップ誌面の作成にとどまらず、ママたちが関心を向けやすいワードをつくって商品の流通を支援したり、商品自体を開発したり、WEBやSNSも使って盛り上げていくことも珍しくなくなりました。例えば、ママたちが「子どもに与えたい玩具」という視点から、タカラトミーとコラボして、「リアルクローズの着回し」を体験できるリカちゃんを開発したり（➡事例84ページ）、「バーミキュラ ライスポット」のInstagram特設アカウントを開設して、『VERY』のインフルエンサーが、放っておいても調理ができる炊飯器のリアルな使用実感を投稿したり（➡事例38ページ）。広告主や広告会社の方が、ママの価値観を取り入れたいと考えたときに、『VERY』に声をかけてくださるのは、私たちが今のママたちの日常に向き合っているからだと思います。

子育てママの価値観は、時代によって全く違う

　主婦向けの雑誌と言えば、衣食住、生活まわりのコンテンツが主でしたが、『VERY』では知的好奇心旺盛な読者に向けて、新たな関心を掘り起こすような仕掛けもしています。ラグビーワールドカップやパラリンピックといったスポーツ大会もそのひとつ。例えば、ラグビーと『VERY』は一見結び付かないと思うのですが、読者調査をしていると、パパがラグビー経験者とか、子どもの小学校のラグビー教室がきっかけとか、関心を持っているママもいらっしゃるんです。『VERY』では、ファミリーでラグビーに関心を持つことで、家族が成長するというメッセージを、誌面やイベントを通して伝えていこうとしています。

　パラリンピックについては、「子連れで行くならパラリンピック」という合言葉で、教育熱心な読者に向けて、連載や

「子連れで行くならパラリンピック」では「VERY的視点」で子どもが楽しめる競技や会場を紹介した。『VERY』2019年6月号 P260、261

WEBで情報を発信しています。2020年のオリンピック・パラリンピックに向け、『VERY』読者は、「子どもたちに一度は生で競技を見せたい」とか「子どもたちに新しい世界を知ってほしい」「やりぬく力をつけてほしい」といった親心を持っています。逆境を乗り越え世界大会まで上り詰めたパラリンピックのアスリートから、たくさんのことを学ぶことができるはず。子どもと親が一緒に学ぶのにパラリンピックは絶好の機会になる。オリンピックのチケットよりも比較的価格が安かったり、子どもを連れていきやすい雰囲気だったり、良い面を打ち出して盛り上げています。連載では、会場を紹介したのですが、ここでも「VERY的な視点」を入れ、近くに公園があるとか、子どもが飽きない競技かといった発想で紹介しました。

　『VERY』は、ターゲットメディアです。同じターゲットを20年以上見続けていて、読者と一緒に年をとるのではなく、子育て時期の人たちにどう役に立つか、という視点でずっとやってきました。そこに対するメディアとしての信頼感は、創刊からずっと築いてきたもの。「お母さんがVERYを読んでいました」という人も出てきています。その信頼を失わないためにも、「同じターゲットでも時代時代で全く価値観は違う」ということを忘れずにつくっています。

『VERY』の編集力

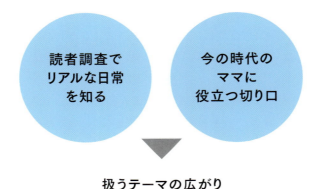

「誰もやっていないこと」を目標に掲げて広告主と一緒にカタチにする

『BRUTUS』

西田善太 発行人・編集長(マガジンハウス)

1963年生まれ。博報堂でコピーライターを務め、1991年にマガジンハウス入社。『GINZA』『Casa BRUTUS』の創刊に関わり、2007年より現職。『Tarzan』発行人兼務。

国宝の器から廃校再生まで、世の中の興味の行き先を照らす

　『BRUTUS』の読者は大きく3つに分けられて、中心にいるのが毎号買ってくれる『BRUTUS』が好きなコア読者です。その周りに、特集をチェックして気に入ったら買うという読者がいます。さらにその外側に、「アート」とか「刀剣」とか特集のテーマ自体が好きで買う人たちがいる。外側の読者層を広げることばかり考えていると、コア読者が離れますから、個性の強い特集も組みます。世界に3つしかない国宝の茶碗「曜変天目」を特集した号もそのひとつです。

　『BRUTUS』は、世の中の興味の「ちょっと先」を知っている雑誌。来年何がヒットするかわからないけれど、「ちょっと先」にこんな出来事があるから、世の中の興味はこっちへ行くんじゃないか、とアンテナを張ってつくっています。扱うテーマは、アートや本、映画、フードなど、とりたてて珍しいものではないんです。どれだけ掘り込むか、です。各編集担当は「これぐらいまで調べてつくらないと『BRUTUS』らしくない」っていう、勝手な思い込みを持っている。長年の積み重ねで染みついたものがあるので、放っておいても『BRUTUS』風になります。「曜変天目」の特集も、3つの名器が同時に美術館で公開されるタイミングが訪れたので取り上げましたが、広く「器」特集にせず、一点突破の「曜変天目」特集にしたのは、編集担当がどこまで食い込めるか検証したからできたことです。

　ほかにも、「日本の絵」特集は、現代美術家の会田誠さんに「死ぬまでに1度は見たいと思う絵」を100枚集めてもらって、紹介する順番も解説も全てお願い

した。その思い切りは『BRUTUS』らしい掘り下げ方だと思います。「アニメ」特集では、平成アニメを30年分読み解いて、アニメ好きが見ても絶対に満足するように編集担当が命がけで挑みました。表面をなぞるだけの特集にはしたくないので、あえてハードルを上げている。その出来具合をどう判断するかは読み手次第です。

　特集を再編集したムックはどれも実売6〜7万部で推移していて、「犬」のムックは12万部を超えました。2019年に出した「お金」のムックは、2号分のお金特集を合本して、「100年大学お金のこと学部」という新しいコンテンツを入れました。これは東京大学で半年間、日本証券業協会と『BRUTUS』が、お金とどう向き合うべきかの特別講義を行った内容です。広告主と組んだプロジェクトは積極的に行っていて、例えばホクレン農業協同組合連合会が主催する「北海道地チーズ博2019」は僕らがお手伝いしましたし、内閣府とは廃校プロジェクトを行い、廃校再生をテーマに1冊つくりました。

満足度の高いコンテンツでサイトへの掲載延長

　2018年発刊の「心を開放する旅、本、音楽」特集は、表紙に「open mind」と入れました。心を開放するという意味で、物事の多様性を認める大事な考え方ですが、この言葉はHondaの新発売のクルマ、CR-Vのテーマなんです。この号にはタイアップとして、Book in Bookを付け、「オー

サイト「BRUTUS × Honda CR-V」。Book in Bookの内容を加工して掲載。

プンマインド」を体現するムーブメントを紹介しました。ダイバーシティを打ち出し虹色のランウェイでショーを行ったラグジュアリーブランドのクリエイティブディレクターとか、フレンチシェフが行きついた自由でボーダレスな居酒屋とか。その流れでCR-Vの紹介もしています。Book in Bookの内容は、Hondaの特設サイトにも加工して掲載していて、満足度を調査したところ、非常に高いポイントだったということで、掲載延長をオファーされました。本編の特集では、心を開放す

る絶景や、本、音楽を取り上げました。キーワードから1号全体をつくるこの方式は、『BRUTUS』が作り上げたひとつの型なんです。2008年には「chill out 心を鎮める旅、本、音楽」という特集を組んでいます。「チルアウト」はカナダドライが打ち出していたキーワードで、この号のBook in Bookでは、カナダドライpresentsという形でチルの聖地、イビサ島を取り上げたり、チルアウトの歴史を解説しています。仕事も遊びも頑張るためにチルする、心を鎮める。10年経った今でも大事な言葉ですね。もともとクラブで踊った後にダウンテンポな音楽の流れるラウンジで落ち着くという行為を指していて、音楽を主題にチルアウトを語ることはできる、と思ったんです。最終的には、全体として心を鎮める音楽や旅、本をテーマにした特集が成り立ちました。広告と離反しないテーマで本編の特集を面白く組める。これが『BRUTUS』の強みです。

　何でも特集にできる分、さまざまな広告主と組めます。ただし「特集にできる」と思いつくのと、「本当に特集としてカタチにする」のには、雲泥の差がある。誰もやっていないことを目標に掲げ、広告主と広告会社と編集部が一緒に立ち向かい、課題を乗り越え成長していく先に、いいものができます。2015年、ZOZOと作った「夢の値段」特集もそのひとつです。表紙に「夢をカタチにして、買えるようにしました。全てオリジナル。」とキャッチをつけたとおり、他では買えない商品をつくって、ZOZOTOWNで買えるようにしました。実は2010年に、期間限定でオリジナル商品のWEB通販を試しています。「買えるブルータス」という特集です。オリジナル商品はロットが少ないので、すべて売り切れても利益はでな

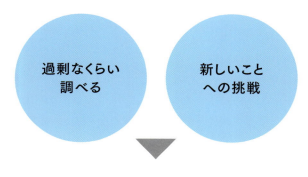

『BRUTUS』の編集力

過剰なくらい調べる　　新しいことへの挑戦

記憶に残るコンテンツ

い前提でしたが、ウェブ通販の知見を得たかったので、トライ。多くのことを学習できたし、企画の型は作れました。2011年には、ファッション特集の中で、買えるブルータスのユナイテッドアローズ版として別冊付録とWEBをつくりました。二度の経験を踏まえて、満を持して実現できたのが、ZOZOTOWNとつくった「夢の値段」特集でした（➡事例82ページ）。

好奇心を人任せにしない

　雑誌づくりの正統派である女性誌が、ターゲット層をリサーチして、生活のイベントごとに寄り添ってつくるのに対して、『BRUTUS』は、それらを取っ払い、世間と逆を行く、というスタンスです。だからこそ「誰もやっていないことをしていて面白い」「あの号は捨てられない」と言ってもらえるのだと思います。何人もの合議で編集すると、面白さが削れるので特集担当の編集は１〜２人、という体制で作ります。みんなで決めたことは正しいけれど面白くありません。だから読者アンケートに頼らない。そこに寄り添うと、仕上がりが見えてしまう特集をつくることになるので。「12年も同じ雑誌をつくっていて飽きませんか？」と聞かれたことがあるのですが、むしろ、今は変わらない方が難しいと思っています。周りが変わりすぎていて、雑誌を取り巻く環境も有為転変。期待していなかったものがヒットする。だから、昔より緊張感があるんです。これまでの経験をバージョンアップしないといけませんから、編集者としては今のほうが面白いですね。いまや何でも検索できるので、すぐわかった気になってしまいます。目で見て、夢中になって、人とつながって語り合う経験をしないまま、好奇心が狭まっていくのは恐ろしいことです。僕は多感な時期にスマホなんてありませんでしたから「1本のいい映画を見るために100本無駄な映画を見る」という風に生きてきました。『BRUTUS』編集部は、好奇心を人任せにしません。部員は皆、むしろ過剰なくらい調べ、切り拓いて、新しい価値をつくろうとしています。

ターゲットは流行を生むSNS世代
企業と新しいことに挑戦したい

『ViVi』

岩田俊 編集長(講談社)

1999年講談社入社、『ViVi』、『KING』編集部、新企画出版部副部長、第二編集局新事業企画部副部長・女性誌デジタルメディア担当などを経て2013年『ViVi』編集部副編集長。2016年より現職。

SNSのフォロワーは大事なお客様

　『ViVi』のメイン読者層は18〜22歳で、自分らしさや個性をファッションやメイクで表現したい女の子をターゲットにしています。オシャレやトレンドを入り口に、いろんなジャンルに好奇心を持ってくれる層です。広告主からは「25歳以下の若い世代が、ブランドについて早くから興味を持つきっかけをつくりたい」とお声がけいただくことがありますね。

　講談社の女性誌は1媒体につき2人の編集長がいて、本誌とデジタルで役割分担をしています。僕は基本的に本誌を担当していて、もう一人の編集長は「NET ViVi」やSNS周りを運営しています。

　デジタルメディアの位置づけはここ2、3年で変化しています。以前は、『ViVi』読者のコアに本誌ファンがいて、その周りに「NET ViVi」やSNSのユーザーがいるイメージで、その同心円を大きくしていこうという考えでした。でも今は、「本誌の読者とデジタルのユーザーは、ある部分で重なってはいるけれど、デジタルはデジタルで円をつくって大きくする」という考えの方がしっくり来ています。本誌の世界観に縛られすぎると届かない読者もいますし、紙媒体ではできない面白いコンテンツはいっぱいありますので。デジタルだけを見てくださる読者がいていいですし、本誌の『ViVi』らしさを過度に意識しすぎないほうが、将来的にいいのではないかと思っています。かつての「NET ViVi」は、本誌を起点につくっていて、本誌の宣伝施策のような一面がありました。しかし、今や広告についても、

本誌だけで掲載したいというお話は減りましたし、読者を見ても、本誌の発売日は知らないけれど専属モデルの名前は知っているとか、SNSのフォロワーで日々「Net ViVi」を見ているという読者もいます。僕らにとってはどのメディアから入ってもらっても大事なお客様です。

『ViVi』のターゲット層はSNS世代なので、メディアの垣根なく読者との接点を増やそうという傾向が、他誌より強いかもしれません。『ViVi』ではInstagramなども早くから導入していました。SNSからサイトのPVを伸ばす努力をするよりも、まずはSNSのお友達、フォロワー数を増やしてレスポンスのいいアカウントにすることを目指してこれまでやってきました。

SNSは読者の関心が今どこにあるのかを知る手段の一つにもなっています。コメントから今の空気感やネタを拾ってくることはありますね。読者調査については、月に2日定期的に行っています。Twitterなどでコアな本誌ファンを募集して、読者1人に対して編集部員2、3人で1時間ぐらい話を聞いています。それから、年に2回開催しているイベント「ViVi Night」には、読者が集まるのですが、来場している子の服やメイクを見ていると、集団で変化が見えますね。この「ViVi Night」は、3000円の入場料を払って、モデルを目の前で見て応援したいという人が来場しますので、読者の中でも特にコアな読者が集まります。

付録のステッカーが好評で完売

2019年に入ってから、本誌の付録にステッカーを付け始めたところ雑誌の売れ行きが伸びています。「ステッカーで売れるの？」と思われるかもしれませんが、昔からカルチャー好きな若い子たちは、ステッカーやシールで自分のアイデンティティを表現していたように思います。豪華な付録に比べてコストもかからないしやってみようと、最初はファッションブランドと組んだステッカー付録をつけたところ、想像以上に反響が大きくて。3月発売号ではSNS世代に人気のkemio君と「平

SNS世代に人気のkemioさんと作った付録「平成最後の格言ステッカー」が好評。

成最後の格言ステッカー」をつくったところその号は完売。ステッカーを写真に撮ってInstagramに投稿してもらうプレゼントキャンペーンも盛り上がりました。

　好きだから持っていたい、と思える付録をつくろうと考えたとき、ステッカーは、いろんな人とコラボしてアイデアを詰め込めると思っています。ステッカーがウケたことで改めて感じたのは、出版流通のすごさ。書店が減っているとはいえ、雑誌は発行すると全国の書店にすぐに行きわたります。この流通網を使ってつくれる面白いものはなんでもつくっていきたいですし、新規読者の獲得につながるように、もっと枠組みを広げて考えていきたいと思います。

読者モデルから公認インフルエンサーへ

　広告主との取り組みでは、メディアプランを立てる前、マーケティング課題を検討している段階から、企画に入らせていただくことがあります。通常の編集タイアップですと、いただいたお題に対して、『ViVi』ならどういう見せ方にしていくかを提案しますが、日々接している読者がブランドのターゲットということでしたら、『ViVi』はデジタル施策を含めた設計ができるので、もう少し手前の段階から一緒に取り組めるというのが特徴です。最近は専属モデルを作らない雑誌もありますが、『ViVi』は専属モデルを広告に起用できるので、企画の柔軟性や二次利用にも対応しやすいと言っていただけています。

　モデルを起用した動画コンテンツは、広告主からの満足度が高く反響もあります。谷まりあさんが出演したラブストーリー動画は好評で第2弾をつくりましたし（➡事例34ページ）、藤田ニコルさんは知名度があるので、コアなファンがモノを買いに行ってくれるという導線がありつつ、彼女が面白い見せ方も楽しんでチャレンジしてくれるので人気があります。動画のストーリーづくりは編集部が行って、外部の制作会社さんとつくるケースが多いですね。

　誌面や広告コンテンツに、専属モデルではなく、僕たちが「ViVi girl」と呼んでいる公認インフルエンサーに登場してもらうこともあります。もともとは、雑誌の資産である読者モデルを組織化しようとして立ち上げたのが「ViVi girl」なのですが、彼女たちは早々にSNSを使って発信をしてフォロワーを増やしていたことから、インフルエンサーという呼び名に変えています。「イベントにViVi girlを呼んで一緒に盛り上げてほしい」といった広告主のリクエストも増えていますね。

『ViVi』は、新しいことをするのが好きな媒体です。特にデジタル周りで何かが流行るとすれば『ViVi』の読者世代から流行りますし、Instagramがそうだったように、この世代で流行れば数年後には上の世代に持ち上がっていきます。ですから、誰もやったことがない新しい企画ですとか、チャレンジしたいけれど社内では動かしにくいなと思われる企画も、『ViVi』ならば一緒に走っていける、そんな媒体だと思います。昨今、「YouTuber」などの活躍も目覚ましく、たった一人の意見で物が売れたりしてしまう、「個人の時代」になりました。それだと尖り過ぎていて、「もう少し文脈が欲しい」というときに、雑誌のように自分たちでコンテンツをつくり続けているからこそ文脈があるメディアが、活きてくるのだと思います。

『ViVi』の編集力

- 本誌とデジタルで読者との接点を広げる
- 専属モデルやインフルエンサーによる発信

▼

SNS世代への大きな影響力

属性のわかるシニア定期読者を深く分析
広告の閲読、関心度を向上

『ハルメク』

山岡朝子 編集長（ハルメク）

1997年主婦と生活社に入社、『すてきな奥さん』『CHANTO』をはじめ、ライフスタイル系の雑誌の編集長を歴任。2017年にハルメクに入社し、『ハルメク』の編集長に就任。就任して1年半で実売部数が1.5倍に。

広告記事単位で満足度を調査、勝ちパターンを探る

　『ハルメク』のコアな購読者は60〜70代のアクティブな女性たち。書店流通はなく、自宅直送の年間定期購読のみです。ですから、1号だけ面白かったらそれでいい、ということではなく、購入者の期待にずっと応えていける、毎月届くのが楽しみになる雑誌を目指しています。

　『ハルメク』の強みは、読者調査の量と深さにあります。現在24万人の読者がいますが、定期購読という特性上、居住地や年齢などの属性を把握できています。その方たちにお手紙やメール、WEBで毎月膨大な量のアンケートを取っていますし、特定の方に集まっていただき、座談会や、グループだったり1対1だったりのインタビューをして、生の声も聞いています。雑誌に付けた読者ハガキでは良かった記事、興味が持てなかった記事などを質問していますが、毎月2千通が戻ってきて、その8割はフリースペースに『ハルメク』へのコメントが書いてありますね。

　読者調査は、統計やモデレートのプロを採用してつくった調査専門の部門が行っています。編集者が行うと、どうしてもバイアスがかかってしまうので、客観的に調査して集めたデータを編集部と共有して、どのような特集にするのかを考えています。どんなことに関心があるかという事前の調査から、実際読んでみてどうだったかという満足度調査まで、一貫してできる仕組みがあるということです。

　読者調査をもとに作った新しい特集企画に「子どもに迷惑をかけない介護」があります。以前は「介護」というと、「親の介護」だと思って企画を立てていまし

たが、それが当たらず、しばらく取り上げるのをやめていたんです。ただ、改めて深く調査をしていくと、読者は「親の介護」ではなく「自分の介護」で悩んでいらっしゃった。「子どもは共働きで孫も小さい。自分が要介護になったら誰が看てくれるんだろう？」「どんな準備が必要なんだろう？」そういうインサイトにたどり着いて、この特集が生まれました。

　現実的な解決策として高齢者住宅に関心があることも分かったので、「終の棲家」をテーマにした特集では、高齢者住宅の入居者が実際どんな暮らしをしているのかを取材した広告企画を入れ、資料請求ハガキも付けました。このときは想定を大幅に上回るレスポンスがあり、資料の発送が追いつかない程でした。

　読者の満足度調査は、広告の記事ごとにも行っていて、確かに見たか、興味を持ったか、などについて計測しています。その細かなデータは、編集にも活かしています。例えば、あるサービスを使おうと思っている人向けにするのか、まだ知らない人向けにするのか。不安が解消できるという訴求がいいか、もしくは理想像の追求のほうが、引きが強いのか。繰り返しご出稿されている広告主は、満足度調査の定量データがあるので、その結果を分析しながら勝ちパターンを作ることができています。

読者向けイベントは年間200本

　イベント専門の事業部では、年間200本の読者向けイベントを開催していて、歌舞伎鑑賞から散歩、講演まで、社内で企画から運営まで行っています。ですから広告主の課題に対して、誌面だけでなくイベントを組み合わせて解決にあたることもできます。例えばポケモン様からは、「ポケモンGO」をシニアに使ってもらうにはどうしたらいいか、というリサーチからご依頼があり、読者調査を行ったところ「ポケモンGO」でウォーキングが楽しくなるというキーワードにたどり着きまして、誌面タイアップとリアルイベントを展開。実際ウォーキングしながら「ポケモンGO」をやってみ

プロのオペラ歌手やピアニストと歌を楽しむ人気イベント「あなたと歌うコンサート」。

るイベントが盛況でした（→事例36ページ）。

　輸入生鮮食品を啓蒙するタイアップ企画では、おいしさや栄養面の魅力を伝えるために読者を招いた有料イベントを行いました。ちょうどクリスマスシーズンでしたので、ホテルでクリスマスソングを聴きながら、シェフによる生鮮食品を主役にしたコース料理が食べられるという内容です。そこで産地レポートを編集部がお伝えしたり、栄養士の栄養講座を開いたりして、誌面にとどまらないリアルな体験をしてもらいました。50人の定員がすぐに埋まり、100人以上のキャンセル待ちが出ました。イベント専門の事業部があるからこそ、単なる試食会ではない、満足度の高いイベントを開くことができていると思います。

　部門で言うと、カタログ通販を専門で行う部門もあって、カタログの商品を購入できるリアル店舗も持っています。編集部と分業はしているものの、イベントも、カタログも実店舗も、その利用者はすべて『ハルメク』の読者。入り口は雑誌で、読者の方から見れば、どれも雑誌に付帯するサービスなんです。

話題や流行をひっぱっていく雑誌

　雑誌はターゲットメディアです。『ハルメク』の定期読者は、ターゲットが50代以上のアクティブな女性とはっきりしていて、しかも比較的金銭的な余裕があって情報感度や向上心の高い方が集まっている。新聞やテレビは数が多いですが誰が見ているか分かりにくいのに対して、『ハルメク』は24万人だけれど、あるセグメントの人しか読んでいない。絞ったマーケティングができる媒体だと思います。

　『ハルメク』のターゲットで言うと、紙への信頼が強い世代で、「たくさんの情報はいらないから、きちんと調べて良いものをいくつか示してほしい」というニーズがあります。WEBのように検索して出てくる情報は、どれが正しいのかが不安だったり、量が多すぎて困ってしまったりするんですね。例えば「体操といったら、きくち体操ですよ」「食べるなら、この食材が体にいいですよ」というように、選りすぐった情報を分かりやすく出してほしいのです。紙の方が情報としての歴史が長いし有料メディアなので安心できるという点もあると思います。

　新聞やテレビを見ている方はもちろん多いですが、事実が報道される新聞、色んな情報が流れていくテレビと異なり、雑誌は目利きが選んだものを、一覧性

を持って提示していて保存もできます。そこが上手く活かせるように誌面を作っています。

　シニアに商品を売りたい、サービスを知ってほしいという事業主は、すごくたくさんいる割に、成功したという例をあまり聞きません。一方で『ハルメク』への広告出稿が高いレスポンスを得られるのは、リサーチとかコンサルティングから入らせていただいているからで、広告主とともに訴求ポイントを開発しながら読者にリーチし、そこからイベント化したりしてパッケージ化できるのが面白いところだと思います。

　過去の歴史を見ても、流行語が雑誌から生まれやすいのは、提案性があるメディアだからです。提案性というのはマーケティングにおいても重要な部分。ただ多くの人に知ってほしいだけなら、もう雑誌じゃなくてもいいのかもしれないけれど、何かメッセージを共に社会に届けたい、というとき、雑誌の力が発揮されると思います。

『ハルメク』の編集力

定期読者を
リサーチする
仕組み

広告も
記事単位で
測定、改善

▼

関心度の高い広告企画

日々の暮らしを大事に
雑誌の世界観を活かしたコラボが続々

『リンネル』

西山千香子 編集長（宝島社）

日本中央競馬会（JRA）を経て、2000年に宝島社入社。語学、レシピ本などを手掛け、2008年『リンネル』のムック創刊と共に現職。『大人のおしゃれ手帖』編集長も兼任。

「暮らしの目利きさん」にファン

　『リンネル』は、日々を丁寧に暮らす楽しさを提案しているライフスタイル誌です。「ハレとケ」なら、「ケ」の日、日常の生活をいかに穏やかに心地よく過ごすか、を大切にしています。「『リンネル』のテイストっていいよね」と感じて手に取ってくださる読者は、10代から70代の方まで幅広いです。2020年に10周年となりますが、創刊当時から継続して読んでくださっている方も少なくありません。編集部員のほとんどは、『リンネル』をつくりたいと希望して入社してきた、自分たちの暮らしを大切にしている人たちです。言わば編集部員も読者のひとり。読者の関心ごとを敏感に察知してくれています。

　景気がもっと良かった頃は、海外に行くなど、外向きの楽しみ方に、世の中の関心が向いていたと思いますが、景気が変わり、自然災害などを経験する中で、実は自分の半径10メートルの中にこそ、満たされる暮らしがあったんだと気づいた人も多かったと思います。創刊時に比べ、毎日の暮らしを大事にしたい、という考え方は広がってきていて、『リンネル』では暮らしを軸にした、もの選びやファッションなどを発信しています。

　『リンネル』の誌面には、「暮らしの目利きさん」と私たちが呼んでいる、暮らし上手な方々に登場してもらっています。モデルやタレントの方もいますが、多くはクリエイティブな趣味やお仕事をお持ちの一般の方。例えばお店やワークショップを開いている方もいるので、読者がそこに足を運べば、直接会って話すことも

できます。そういったこともあり、読者の方々には雑誌と自分との距離感を近く感じていただけているのかもしれません。

　目利きさんそれぞれにファンがいますが、誌面に複数の目利きさんが登場することで、相乗効果が生まれています。「暮らしの道具大賞」という企画では、目利きさんたちが「今年、生活を豊かにした日用品」を選出し、毎年大きな反響を呼んでいます。

　『リンネル』で人気の高い定番コンテンツは、「北欧」の暮らしを特集した号。最近では、コスメやヘアスタイルのスナップ写真を載せたページや、「自分をみがく」をテーマにした特集も人気を集めました。暮らし上手な人がどんなものを使っているか、どうやって自分を成長させているのかがわかり参考になった、といった声もいただいています。日々の暮らしを改善したい気持ちが根底にある人たちですから、自分磨きにも関心が高いようです。

　『リンネル』で紹介する商品数は決して多くはなく、無理やり商品をプッシュすることもありません。むしろ、おすすめしたいものを厳選して、読者の背中を後押しするような丁寧に語りかける説明文を入れ、「あとは読者のみなさんのスタイルにお任せします」というスタンスです。私たちの生活の中には、毎日たくさんのプッシュ型の情報が入ってくるようになりましたが、そういうものとは一線を画して、穏やかな気持ちで『リンネル』とともにもの選びをしている感覚を味わっていただけたらと思っています。

　ありがたいことに編集タイアップのお話も多数いただきますが、その8割ぐらいに「目利きさん」が登場しています。タイアップに限ったことではありませんが、その方の<u>人間性やリアルな暮らしぶりが想像できる企画が読者に好まれる</u>ので、私服やペットを紹介してもらうこともあります。目利きさんには、趣味やこれからやってみたいこと、いま取り組んでいることを常にヒアリングしていて、その方の暮らしぶりを誌面で伝えることで、目利きさんのファンを増やしたいと思っています。

雑誌の世界観で「一軒家」をプロデュース

　誌面を飛び出したコラボレーションも行っていて、伊勢丹 新宿店の商品や売り場のプロデュースをさせていただいたり、窯元とオリジナル工芸品を制作したりしてきました。コラボは準備に手間も時間もかかりますが、雑誌の世界観を"リア

カーサプロジェクトと組んだ、家のプロデュースでは、土間のように広い玄関など、『リンネル』の価値観を丁寧に落としこんでいった。

ルなもの"として表現できるのがいいところです。読者の暮らしに、『リンネル』が開発した商品や、掲載されたものが加わることで、心地よい暮らしが体感できるといいなと思い、積極的に取り組んでいます。

2019年は、住宅メーカーのカーサプロジェクトと組んで「カーサ リンネル」という家をプロデュースしました。雑誌とのコラボで新しい家のシリーズをつくりたいということで『リンネル』に声をかけていただいたのが始まりで、完成まで2年ぐらいかかっています。

目利きさんの一人で、インテリアスタイリストの石井佳苗さんに参加していただき、家のコンセプトをつくることから始めました。程よく家族の気配が感じられ、北欧の住宅のように陽の光が降り注ぎ、風が通ること、といったものなのですが、このコンセプト自体、住宅をつくる側にとっては驚きだったそうです。一般的に家を建てる時は、何人家族だから何部屋必要といったLDK発想が最優先になりますが、私たちが大事にしたのは「いかにみんなが心地よくいられる場所をつくるか」ということだったからです。

家ができていく経緯は、『リンネル』の誌面でも追っていきました。読者の中には住宅の間取りやインテリアを見るのが好きという方もたくさんいらっしゃいますので、家ができていくまでの過程を誌面で見ていただけたことも良かったと思っています。家づくりは人生で何回も経験できることではありませんから。工務店さんへの説明会に私も参加させていただいて、家のコンセプトや、『リンネル』がどういう雑誌で、読者がどこに関心を持って発注されるのかを説明しました（→事例92ページ）。

雑誌がテレビやWEBにないものを持っているとしたら、「手触り」や「重量感」

のような、身体で感じられる何かがあることだと思います。切り抜きを持ち歩いていたり、「私はあの雑誌のあの号のあのページが好き」と強烈に覚えていたり。情報が通り過ぎずに、刺さる時は刺さる。雑誌にはそういう力があります。付録も同様です。付録には雑誌の世界観を持ち歩ける良さがあり、使うとき手触りを感じられます。付録はブランドさんと共に毎号心血を注いで『リンネル』の世界観を落とし込んでつくっています。

　コラボでのものづくりや、デジタルといった雑誌以外の施策においても、読者が雑誌の世界観を体感できるツールとして育てていきたいと思っています。そして読者が「こんな暮らしをしてみたい」と思える、手が届きそうな"憧れのスタイル"を『リンネル』が提案し続けていければと思っています。

『リンネル』の編集力

「日々の暮らし」を軸にした視点

雑誌の世界観をリアルでも表現

▼

コラボアイテムの開発

ブレない姿勢でコア読者が信頼
誌面、イベントで高額商品が動く

『Safari』

榊原達弥 発行人・編集長（日之出出版）

1963年生まれ。1986年日之出出版に入社。『FINEBOYS』『Fine』などの編集長を経て、2004年から『Safari』編集長に就任。2005年より取締役編集統括部長を兼任。

誌面の反響から、愛読者の好みを再確認

　『Safari』は2019年で創刊16年になります。もともと日之出出版は、海やサーフィンが好きな人向けの雑誌『Fine』から始まった会社。20、30代のとき『Fine』を読んでいた男性が、ずっと『Fine』を好きでいてくれることがわかり、大人の男性をターゲットにした『Safari』が生まれました。『Safari』のコンセプトは「カリフォルニアの豊かなビーチライフ」にしました。カリフォルニアはサーフィンが盛んで、海沿いには大きな家が建ち並びラグジュアリー感もあります。『Safari』の創刊時に40歳ぐらいだった人は、ティーンエイジャーの頃、西海岸カルチャーに憧れ、アメカジに影響を受けた世代。原体験にアメリカのファッションがあったので『Safari』の内容は刺さりやすく、『Fine』を卒業した男性を取り込んだりして後発でもファンがついたのだと思います。

　『Safari』の読者ターゲットは、海が好きで、アクティブなライフスタイルを送っている人。決してインドア系の人々ではありません。そのせいか実際プロアスリートの愛読者の方々も少なくありません。そういう人たちが好きな洋服はこうだよね、車や食べ物だとこれ、というのをリンクさせていって、『Safari』の人格にしています。愛読者に「これは知らなかった！すごい！」と驚いてほしいので、読者アンケート至上主義のようにして誌面をつくるスタイルではありません。でも『Safari』でやりたいのはこういう感じ、というのはあって、編集部みんなで共通認識を持てるように「『Safari』で扱わないのは、これです」ということを、何度も説明してきまし

たね。異なる人格のページが生まれないようにするためです。それから撮影のディレクションをするときも、具体的な写真を見せて、撮りたいシーンからズレないように気を付けてきました。

　カリフォルニア在住の人々の話を聞いたりしながら、どんな新しいムーブメントがあるかを調べて「それなら、こういう形でストーリーにしてアイテムを紹介したら楽しいかな」と考えながら編集しています。海のイメージを大切にしている雑誌なので、冬だからといって雪山を何ページも取り上げるようなことはしません。ただ、2019年1月号は「真冬はとびっきりのお洒落で出かけよう！」という特集をしました。「クリスマスに、海外のスノーリゾートで過ごしたら楽しくないですか、そのときはこういうファッションで」「家で過ごすのもいいですよね、でもちょっとゴージャスに人気ホテルの限定ケーキを予約しませんか」といったような提案をしました。彼女へのプレゼントに「憧れのブランドが出している、知る人ぞ知るクマのぬいぐるみはどうですか？」とBaby Diorの白いテディベアを掲載したら、完売したと聞いています。

　ほかにも「『Safari』で紹介した100万円のジャケットが何着も売れた」とか「50万円のブーツが完売した」という話を聞くたび、雑誌を愛してくれている読者からの信頼を裏切らないようにしなくては、と改めて思います。「海だ！カリフォルニアだ！」と言っているのに、例えば「ヨーロッパの歴史ある宗教建築を見に行こう」と言い出したら信用されません。ですから『Safari』ではやらないことを決め、「こ

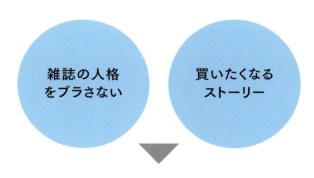

『Safari』の編集力

の雑誌が言っていることなら安心できる」と思ってもらえるようにしています。クライアントとお会いするときには、「この前載せた商品どうでしたか?」と反響を聞きます。愛読者は、こういうものが好きなはずだ、と想定しながらページをつくっていますので、「Aも問い合わせがあったけど、Bの方が売れた」となったら、「今度はBのようなものを推してみよう」と調整して、愛読者からの信頼度を保つようにしています。

定期購読者に、高級車が売れる

　編集タイアップは、愛読者がどういう感覚で商品を見て、買った後はどうなっていくかを想像しながら編集部がつくっています。その意図をくみ取って、メディア事業部が広告主への企画提案をしています。メディア事業部では、3年前から広告効果を出すためのデータ整備に力を入れていて、10万人近くいる公式オンラインストア「Safari Lounge」の会員、定期購読者、イベントの応募者などを統合し、趣味嗜好を分析したり、優良顧客を抽出するためのCRM施策を行っています。オンライン通販の「Safari Lounge」の利用者と雑誌の定期購読者は違う部分も多く、特に高額商品を購入しているのは定期購読者。お金も時間も余裕ができたので、若かりし頃に好きだったものにお金を使うようになり、雑誌を見て実際に店舗へ足を運んでいる、という動きもわかってきました。1700万円の車の編集タイアップを、雑誌と公式ウェブメディア「Safari Online」で掲載し、百貨店とのコラボイベントで店頭に実車を展示、「Safari Lounge」で委託販売したときは、2件の成約がありました。

　『Safari』のスタイルはカジュアルなのに、ラグジュアリーブランドから広告出稿があるのは、ラグジュアリーブランドがスニーカーを出してヒットしたり、セレブがジャケットにTシャツを合わせたり、とカジュアルでもラグジュアリーは共存できるという価値観が生まれているからで、『Safari』が提案する世界観とうまく当てはまりました。

　それから、企業のマーケティング支援も行っています。カード会社のプロモーションのクリエイティブを担当したり、自動車メーカーの年間キャンペーンのアドバイザーになって「Safari Online」でコンテンツを配信したり。メディア事業部が企画の枠組みを決め、編集部の言葉で「なぜこの商品を売り出すときにこういうアプロー

チがいいのか」といった裏付けをする。この役割分担で『Safari』という傘の中で、クライアントの悩みを解決する提案を行っています。

2017年には都心で働くエグゼクティブ向けのタブロイド紙『Urban Safari』を創刊しました。これは書店で販売せず、世帯年収1000万円以上の居住エリアの新聞に折り込むほか、外資系高級ホテルや空港ラウンジ、ジムなど、彼らが必ず立ち寄るであろう場所にも無料で配布しています。まるごと1冊テーマを絞ったカスタム号も発行していて、2019年4月には、老舗百貨店のメンズ館をテーマにした号を出しました。メディア事業部では、この号に出稿した企業がそこでポップアップストアの出店ができるようにバイヤーへの交渉もしました。僕たちが持つネットワークを使って、流通経路の開発にもつなげています。ブランディングもしっかりされている各百貨店様とはタイアップすることが多く、百貨店内全体を『Safari』の世界観で染める「スペシャルウィーク」などの取り組みも実施しています。そのほかにも『Safari』で紹介したものを体験できるイベントや、「Safari Lounge」のアイテムが陳列されている期間限定ショールームストアの運営、『Safari』テイストの家具の開発・販売など、培ってきた『Safari』の提案力を活かして、紙の中にとどまらない発信をしています。

オンライン通販の「Safari Lounge」。

ペイドメディアである雑誌は、「面白い」の先にある提案がないと買ってもらえません。「Safari、これ来たか！」と言ってもらいたくてつくっています。『Safari』のコアな愛読者と向きあい、ファンを広げていきたいと考えています。

読者の「違和感」をつぶして
次号を期待するファンを生む

『dancyu』

植野広生 編集長（プレジデント社）

大学在学中に多数の飲食店でアルバイトを経験。卒業後新聞記者を経て、経済誌の編集を務める傍ら大石勝太名義で『dancyu』などに執筆。2001年プレジデント社入社、2017年より現職。

アホか！と言われるほど徹底的に

　『dancyu』は、楽しく料理を食べたり、作ったりしたい「食いしん坊」のための雑誌です。コアな読者は、記事で紹介したお店に実際に足を運んだり、あるいはレシピを見て作ったり、読むだけでなく「行動」を起こしてくれる「食のアクティブ層」。その周辺には「いつか行こう」「いつか作ろう」という「意識が動く」人たちがいます。そうしたアクティブ層にファンになってもらいたいと思っています。グルメ誌ではなく「食いしん坊雑誌」なので、お皿の中の味が素晴らしい、ということだけでなく、生産者や流通のことだったり、料理のストーリーだったりを伝えて、楽しんでもらっています。

　雑誌に限ったことではありませんが、モノが手に入ったら帰ってしまう「お客さん」ではなく、モノがなくても集まってくれる「ファン」を作ることが重要だと思っています。例えば、ミュージシャンが「来年ニューアルバムが出ます」と告知すると、ファンが「次はバラードが入るんじゃないのか？」なんて勝手に想像してワクワクし始めますよね。そういうファンを作るために、読者に「共有」と「感動」と「驚き」を持ってもらえる誌面を作ろうと心がけています。

　一つ目の「共有」は、読者が「あ、そうそう！」と共感、共有できることを誌面に必ず入れるということです。読者の潜在意識にはあるけれど普段意識していないところを突いて、気付きを与えられたらと思います。逆に恐れているのは、読者と作り手の間に「違和感」が生まれ、共感できなくなること。これが読者離れに

つながります。例えば「この店は2年間も予約待ちのすごい店」というような紹介が、誉め言葉として使われることがありますが、読者からすると「2年は行けない店」ですよね。なので『dancyu』では基本的に取り上げません。掲載したいのは「普通においしい店」なんです。高い店、予約が取れない店はネットですぐ出てきますが、「普通においしい店」こそ探すのが大変なんです。「ランキング」にできないことをやるのが媒体の存在意義ですし、それによって、読者である食いしん坊に共感してもらえると思っています。

二つ目の「感動」は、「この食材を知って人生が変わった」とか「いつもの生姜焼きがここをちょっと変えるだけで全然違う」というようなおいしい感動を与える、ということです。「『知る』はおいしい。」これは、僕が編集長になってから掲げた雑誌のテーマですが、ちょっとしたことを知るだけでもっとおいしく、楽しくなりますよ、というのを打ち出したいと思っています。

三つ目の「驚き」は、「そこまでやるの?」「アホじゃないの?」と言われるまで徹底的にやるということです。雑誌の作り手として一番言われて嬉しいのは「捨てられないんです」と「アホか!」ですね。そこまで言われるほど徹底するのは、実は誰でもできる簡単な手法。例えば、餃子特集で東京の店3軒を紹介する企画で、うちのスタッフは108軒食べ歩きました。そこまで食べなくてもだいたい良店はわかりますし、「今おいしいお店はここです」と言われたら「そうだよね」となると思うんです。ただ結果同じ3軒になったとしても、「改めて東京の餃子のおいしい店108軒食べてみました。そしたらやっぱりこの3軒がすごかった!」と言うと説得力が違います。こうした地道さに対する「驚き」がファンの期待感につながっています。「餃子特集やります」と言っただけで、「何かやってくれそう!」とワクワクする感じは重要。待っていてくれるファンがつくと強いです。特集名を見なくても、表紙に『dancyu』と書いてあるだけで買ってくれる。究極の理想はそこです。

デジタル情報の強みは検索性にあると言われてきましたが、例えば「銀座 すし」をネット検索すると何百万件もヒットします。対して、『dancyu』のすし特集で銀座の5軒が載っていたら、「まぁ、この5軒がいいんだろうな」と。そう思ってもらえる信頼関係を築かなくてはいけませんが、検索性でもスピードでも雑誌はネットに勝てる可能性があるということです。しかも「銀座 すし」の検索結果と違い、「すし特集」には、ほかのエリアのお店も、かつ丼の記事も載っているかもしれない。「お寿司を食べたかったけど、かつ丼もいいな」と関心を広げることができま

す。パラパラめくると、見出しやビジュアルが気になって目がとまります。雑誌は物理的なスペースが限られる分、アイキャッチも強いですね。こうしたところは、ネットには真似できないことだと思います。

雑誌の人格を編集長のキャラクターと重ねる

　雑誌には多方面で活躍するグルメライターも執筆しています。でもその人が同じ店の記事を他でも書いたら情報価値は同じになってしまう。そこで雑誌に「dancyuさん」という人格を持たせました。食いしん坊の「dancyuさん」なら、地方から来た友人をどんな店に連れていくだろうか、ふと時間が空いたときどんな店に飲みに行くだろうか、というように、誰が書いても大きな集合体としての「dancyuさん」という人格で表現するということです。

　では具体的に『dancyu』さんってどんな人か？ となったとき、僕自身、植野という食いしん坊を、「dancyuさん」にすると決めたんです。これをブランディングというのか分かりませんが、『dancyu』＝食いしん坊＝植野、とわかりやすく露出させて、どんな雑誌か認知してもらうために、自分をさらけ出す覚悟を決めました。雑誌の具体的なイメージがついてファンが集まってほしいという意図で、いろいろなメディアに出演しています。誌面づくりでも、植野という食いしん坊から見たとき、見出しや構成やビジュアルに微妙に違和感があれば細かく口を出します。

　例えば和食の写真で「お椀」が出ているのに、箸に巻紙が付いていたら違和感がある。和食の順番からいってお椀が最初に出てくることはありません。気づかない読者もいると思いますが「なんとなく変だぞ」が怖い。一度離れたら戻ってこないかもしれません。お店と同じです。「料理はおいしくても、椅子の座り心地が悪い」と思ったら、「また来よう」とはなりにくいものです。違和感からファンは離れていきます。

食の祭典「dancyu祭」。

雑誌にファンがつくと、イベントやＷＥＢなど、いろいろなことが広がりやすくなります。毎年「dancyu祭」という食の祭典をやっていて、2019年は1万5000人ほど来場がありました。普段出店しないような店にも出ていただいて、早々に売り切れが続出してしまったのですが、僕が直接出店を依頼したお店もいくつかあります。

　会員組織「読者100人委員会」では、限定イベントにお誘いしたり、誌面やタイアップ記事に関するアンケート調査などを行ってきましたが、2019年から「食いしん坊倶楽部」と改め、誌面だけではない企画に参加してもらい、仲間をどんどん増やしていく計画です。

　広告面では、編集タイアップにはあまり編集部が携わらないようにして、記事と分けることで読者からの信頼性を保ち、結果としてクライアントからの信頼性につなげていこうという考えでいます。ただいろいろな形のコラボレーションは行っていて、2018年は商品開発にも取り組みました。こうした誌面以外の接点も広げながら、いかにファンを増やすかということにフォーカスしていきたいと考えています。

『dancyu』の編集力

- 読者の違和感をなくす
- 編集長が"食いしん坊キャラ"で露出

▼

コンテンツへの期待感を高める

古くからある上質なものを、タイムリーに掘り下げ、好奇心旺盛な読者をつかむ

『サライ』

小坂眞吾 編集長（小学館）

1990年小学館に入社。『BE-PAL』『サライ』などの情報誌の編集、CDつきマガジン『落語 昭和の名人』シリーズ、『JAZZ100年』の創刊に携わる。2014年7月より現職。

市場調査会社ではできない、雑誌を使ったマーケティング

　今や雑誌は、若者よりも大人向けのメディアになってきていますが、『サライ』が創刊した1989年当初はまったく逆。最新の流行を追う若者向け雑誌が人気で、『サライ』はその反対を行く、大人のための雑誌。古くからある上質なものだけを載せる雑誌にしよう、というところから出発しました。1ページあたりの労力をかけて深く掘ること、他のものとの関連づけで物事を立体的に見せること、というのは今も変わらず心がけています。

　例えば将棋の藤井聡太くんが注目を浴びれば、「詰将棋問題集」を付録に、名勝負の舞台となった「将棋の宿」特集を組んだり、元号が「令和」に変わるとなれば、「皇居散策」をテーマに、江戸城の石垣や皇居ゆかりの宝物、隠れた美味処を紹介する特集を組んだり。古くからあり、歴史を感じさせるものをテーマに取り上げても、世の中の気分やムーブメントは押さえます。

　読者組織には「サライプレミアム倶楽部」というのがあって、会員は5000人ほど。会員になるとメルマガが受け取れたり、イベントに参加できたりします。「サライ.jp」から申し込むWEB会員なのですが、雑誌の読者がほとんどです。短期間でレスポンスがあるので、データをすぐに得たいときはWEBアンケートを行います。50代、60代にアンケートをとる、となったら、雑誌の力を借りなくてもリサーチ会社でできますが、『サライ』を読んでいる、アクティブで本物志向が強い人たちから集めた意見というのは、編集部にしか得られないので、広告主への提案

にもこうしたデータを使っています。

　ただWEB会員は顔が見えませんので、これからどんな特集を組むかとか、『サライ』読者のボリュームゾーンであるシニア層にどんな新商品を開発していけばいいのか、ということにはWEBアンケートの結果はあまり使えていないんです。では何をしているかというと、僕が一番大事にしているのは、実はご近所づきあい。周囲にサライの読者は多いし、初対面の人にインタビューするよりずっとリアリティがあります。

　例えば、ご近所のある品のいいご夫婦が、お子さんも独立して、車を買うのもこれが最後だろうからってクラウンを買ったんですね。「いつかはクラウン」のキャッチコピーどおりです。大事にしたいから近所の子どもたちにも「家の前でボール遊びをしないで」とまで言っていた。ところが孫ができた途端、クラウンを売っちゃって、ミニバンを買うんです。孫を乗せてドライブするのが楽しみでしょうがないんですね。コロッと変わる。そういう人がいるかと思えば、年を取ったので運転もやめて、車を持たない生活を楽しんでいるご近所さんもいる。こうしたサライ世代の人たちの好奇心の行き先を観察するようにしています。

　多数決はあまり役に立たないと思っているし、データは過去の数字なので、未来は見えない。しかも雑誌は、作り始めてから数ヶ月後に世の中に出るものです。なので、現時点のアンケートデータを見るより、ずっと観察し続けている人の言動のほうが、これからを見据えた特集を組んだり、新商品を開発するヒントが得られたりすると思っています。

　近所の人を観察していて、サライ世代に似合う自転車がないことに気づき、パナソニックと電動アシスト自転車をつくったこともあります。僕の知り合いを集めて、試乗会や意見交換会もやりました。自転車が大好きで普段から乗っている作家の山本一力さんや、自転車で通勤する「自転車ツーキニスト」という言葉を広めたTBSのプロデューサーの疋田智さんにも入ってもらって。前かごはやめて、電動アシストでもかなり軽い、乗りやすい自転車になりました（➡事例90ページ）。

無料招待のイベントでも、読者の出席率は、ほぼ100％

　雑誌は有料メディアです。人間は基本的にケチなので、雑誌のようにお金を払ったものはちゃんと読んで元を取ろうとするんですね。新聞は毎月まとめてお金を払っ

「家でのQOL」というインサイトをついた「朝めし」特集。

てしかも毎日届くので、今日読めなくても明日読めばいいか、となりやすいですが、雑誌は一冊一冊の接触密度が濃い。そして、雑誌を手に取るまで欲していない情報も読者に強制的に送り込めます。ネットだと、読みたくないものにはそもそもアクセスしませんよね。でも想定外のものと出会えるのが雑誌なんです。「朝めし」の特集を読もうと思ってページをめくっていたら、ゴーギャンが暮らした「タヒチ」への旅の広告企画もあって、水色の海が広がるタヒチに行きたくなってしまう、というように。僕の経験でいうと、庭いじりが好きなんですが、「クレマチス」を育てたくて書店に行って、半分クレマチス、半分バラの手引書を手に入れた。それで、今庭がどうなっているかというと、バラのほうが多くなっている。こういう雑誌と読者の特性を、もっと広告主に活用してほしいと思っています。

　雑誌って「聞いたらなんでもひととおり教えてくれるおじさん」みたいな存在でもあって、幅広いことを扱います。ただし『サライ』では浅くならないように編集しています。最近は、「家での暮らし」を扱う比率を高めていかないと、と思っているんです。『サライ』読者を観察していると、家にいる時間がどんどん長くなっていて、家でのクオリティ・オブ・ライフを上げていかないと、幸せになれない。そんな中で組んだ「朝めし」特集は好評で、朝の幸福感を倍増させる土鍋ご飯などの朝食術を取り上げたり、昭和の文士の至福の朝食を再現したりしました。朝食をとっている読者の割合は98%、でも食べているものはバラバラだったので、本当に体にいい朝食ってなんなのかを掘り下げていきました。

　『サライ』では毎号読者アンケートを取っていて、朝食の状況のように特集テーマに関する質問も入れています。読者アンケートの回答は「サライ.jp」からもできるのですが、わざわざハガキに自腹で切手を貼って送ってくださる数のほうが圧倒的に多いんです。こうした読者との濃いつながりは、イベントでも感じていて、『サライ』が主催する落語イベントも参加率が異常に高いですし、遠方からわざわざ宿を取って来てくれたりします。広告主とタイアップしたイベントに読者をご

招待するときも、無料のイベントなのに、申込者の出席率がほぼ100％だったり。欠席するときもちゃんと連絡をくれて、本当に有難い読者です。

　別冊付録では、2号に1回「大人の逸品」という通販カタログをつけています。これは小学館のライフスタイル誌を主体にやっている通販で、編集タイアップをした商品を載せることもありますし、『サライ』オリジナルの商品もつくって販売しています。連載『リンボウ先生のおとこの買いもの』を執筆していただいている、イギリスの生活文化に詳しい、作家の林望さんに監修してもらったカバンは、追加生産待ちになっています。万一災害に遭遇しても命を支えてくれるカバンで、ペットボトルや常備薬、着替えも入ります。こうした通販も、人生を楽しみたい『サライ』読者にとっての「思わぬ出会い」を生んでいます。

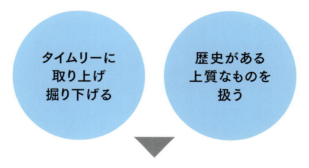

読者の実像から離れず
元気でラクになれる提案に共感

『レタスクラブ』

松田紀子　元編集長（KADOKAWA）

リクルートで「じゃらん九州」の編集を務めた後、メディアファクトリーで『ダーリンは外国人』を送り出すなどコミックエッセイ分野の確立に貢献。KADOKAWAと合併後、2016年から2019年7月まで、『レタスクラブ』編集長。現在は退任。

罪悪感を抱く読者を、元気にする切り口

　『レタスクラブ』のイメージする読者像は、家事をする必要のあるすべての人。生活の中で負担になっている家事をもっとラクに楽しめるものにしよう、というのが大きなコンセプトです。扱うテーマは料理や収納といった家事全般のほか、読者層が関心を持つ美容、お金なども含んでいます。メインは30〜40代主婦ですが、一人暮らしの方や男性の購読率も伸びています。

　2019年6月号から、雑誌のキャッチフレーズを「元気が出て、ラクになる。もう、悩まない生活。」として、「元気」というフレーズを入れました。『レタスクラブ』の読者は、常に罪悪感と戦っていて、「食卓に冷凍食品を並べてごめんなさい」「インスタ映えしない部屋でごめんなさい」、さらには専業主婦であること、兼業主婦であることにも罪悪を感じている。そうした読者に向けて「何も悪くない、元気出して、もっとラクにいこう」というメッセージを込めました。

　主婦のリアルな声をコンテンツに活かすため、読者グループ「LINEレタス隊」と普段からLINEでやりとりして、月1回顔を合わせて話す機会を設けています。編集部が出したテーマに対して、こんなときどうされていますか？と投げかけて、普段感じているけれどまだ言語化されていない、うっすらとした疑問や気がかりなことを吸い上げながら、企画を深めたり、方向性を微調整したりするのが狙いです。例えばゴールデンウィークについては、「どこへ行っても混んでいるし、子どもも家にいるから三食作らなきゃ」「旦那が家でごろごろしていて、ちょっと鬱陶

しい」など、嬉しくないと思う人が実は大半でした。でも「せっかく家族と過ごせる連休は喜ばしいと世間もマスコミも言っている。これを嬉しくないと言っちゃいけない」という罪悪感もある。それなら「嬉しくないって言い切ろうよ」と、立てた企画「GW10連休がうれしくないアナタを救う10のアイデア」は、非常に反響がありましたね。

「LINEレタス隊」は半年で入れ替えていて、現在4期目。1期目は昔から『レタスクラブ』を購読し、誌面にも登場してくださっているコアなファンで、それ以降はメンバーからの紹介制をとっています。緩やかに人間関係がつながっていることで自然と似たような気質の方が集まり、人に言えないような本音も吐露してもらうことができます。たくさんの人に聞くより数人に聞いたほうがより深い話を聞ける、という長年の編集者としての実感があるのでメンバーは8人前後。地方に在住の「地方レタス隊」も組織していて、読者の実像に対して違和感のない誌面づくりを試みています。

大切にしているのは家事の「理想」ではなく、生活の「リアル」です。例えば献立も、「具だくさんにしなければ」「手間をかけなければ」という理想を求めて「料理のしんどさ」を募らせるのではなく、八宝菜を二宝菜にしたりして、たったこれだけの具材でおいしく定番料理がつくれてしまう「最小限レシピ」を提案するのが『レタスクラブ』の切り口です。

Twitterでのエゴサーチもしていて、貴重なご意見をいただいている方には、リプライでお話させていただきます。売れている号はつぶやきが多いですね。

読者と1泊2日のお泊り、協賛企業が直接アピール

『レタスクラブ』には、コミックエッセイの連載を多く入れているのですが、広告主の商品やサービスの魅力を、コミックエッセイで紹介するタイアップも行っています。なかなかわかりづらい商品の魅力を伝える手法として重宝されていますね。

誌面の明るく楽しい世界観をリアルなイベントに落とし込んだ「プレミアムセミナー」は、毎年200人ほどの読者が集まるのですが、そこで協賛企業がセミナーやブース出展を行っています。掃除の時短テクや健康情報を発信したり、調理の実演と試食を行ったり。一番盛り上がるのは豪華な景品が当たる抽選会です。

2018年から始めたお泊まりイベントも満足度が高くて、星野リゾート リゾナー

リゾートホテルでのお泊まりイベント。スポンサーのセミナーやイベントも開催。

レ熱海を貸し切り、読者を1泊2日のお泊まりに招待しています。交通費は実費で参加費もかかりますが、読者にとっては、通常の宿泊料よりもお得に豪華なリゾートホテルに泊まれて、セミナーやヨガレッスンなどを楽しめます。広告主にとってはセミナーやサンプリングなどを通じて読者に直接商品の魅力を伝えることができる場。編集部にとっては、読者と触れ合うファンミーティングのような機会になっています。

　主婦のインサイトを知りたいというご要望から、企業へのコンサルティングを行うこともあります。2018年はケンタッキーフライドチキンのコンサルメンバーに入り、主婦編集者や「レタス隊」の意見を吸い上げて、主にサービス面に関しての提案を行いました。

　企業からは、商品開発のご依頼をいただくこともあります。書店の数が減る中で、『レタスクラブ』のロゴが、広告主とのコラボ商品でも使われ、読者の身近なところへ広げていけるというのは、私たちとしても願っていることです。

コミュニティを作りやすい雑誌

　これからの雑誌が強みにしていくべきなのは、まずモノがあるということ。インターネットの情報は常に流れ、気付いてもらえなければアウトなので、ずっと残っているモノの価値は逆に高まっていると感じます。

　雑誌にはいろんな情報が雑多に入っているだけあって、いろんな読者層、いろんな価値観の人がここにジョインできます。とはいえインターネットのように有象無象の情報があふれているのではなく、雑誌が発行されるに至るまで様々な人の手を経て編纂され、必要な情報がろ過されている。有名な話に24種類のジャムを棚に置くよりも、6種類のジャムを置いた方が10倍売れた、というのがありますけれど、選択肢が多いと、人は選べません。その意味で雑誌は分かりやすく、読者の身に沁みる情報を伝えられる利点があるのではないでしょうか。皆の心をつかんでいる、バイブルになっていることから考えると、雑誌はコミュニティ化し

やすいという強みもあります。

　『レタスクラブ』には、編集部が推奨する、生活の価値観が詰まっていて、これを見て共感してくださる方が集まると、さらに共感性の高いコミュニティができてくる。それが大きくなっていけば、興味を持つ広告主が現れて、いい反応が生まれて、という相乗効果が得られる。それこそ雑誌の持つ力ではないでしょうか。

『レタスクラブ』の編集力

理想より読者実像を追う　生活の中での罪悪感を拭う

▼

共感性の高いコミュニティ

世の中の動きに敏感に対応した記事、アスリートを応援する広告に反響

『Sports Graphic Number』

宇賀康之 編集長（文藝春秋）

1995年文藝春秋に入社し、『Number』に配属。『週刊文春』、『文藝春秋』編集部を経て、2009年から2014年、『Number』編集部デスク。2018年7月より『Number』編集長。

25年の信頼関係が生んだ3号連続イチロー特集

　サッカー、野球、競馬、フィギュアスケートなどそれぞれのジャンルに特化したいわゆるスポーツ専門誌と違い、『Number』は、日本で唯一のスポーツ総合誌です。読者は、簡単に言えば、スポーツファン。ですが、最近はとくに、サッカーファンの中でもたとえば日本代表ファンというより久保建英選手のファン、野球ファンの中でも広島東洋カープのファン、といった具合に、買ってくださる読者の層がより細分化されてきているなという印象を受けます。どんなスポーツを取り上げる号でも心がけているのは、至極当たり前のことですが、読者の方が「面白いな」と思ってくれるような特集の切り口と、「これが載っているから買おう」と思える「目玉記事」を用意すること、でしょうか。単に状況をなぞるのではなく、当事者の肉声はもちろん、新聞やネットには載っていないような記事、それに、カッコいい写真、面白い写真を載せるにはどうすればいいか、日々、編集部員は取材現場に足を運び、頭を巡らせています。

　もちろん、世の中の動きには常に敏感でありたいと思っています。2019年3月、イチロー選手が引退を発表したときは、引退緊急特集を出しました。イチロー選手の引退会見が行われたのが木曜日深夜。その日は翌週発売する『Number』975号がまさに校了を迎えており、すでに表紙も台割も決定していました。しかし、日本のスポーツ史に残る一大事ですから、編集部内は言うまでもなく、デザイナー、筆者、印刷所など各方面に急遽相談し、表紙と、巻頭の13ページを一気に「イ

チロー引退」の記事に差し替えました。この号はもともと「平成ルーキー秘話」という野球特集で、イチロー選手の記事が巻頭にあっても違和感がなかったのは、ある意味幸運だったと思います。反響はやはり非常に大きく、おかげさまで、完売御礼を出すことができました。

イチロー選手引退緊急特集の中吊り広告。(『Number』975号)

　イチロー選手には引退会見直後にインタビューを申し込んだところ、まったく素晴らしいことに、すぐに引き受けてくださり、シアトルで取材することができました。次号「イチロー戦記。」では、そのロングインタビューを巻頭に掲載し、彼の28年間の現役生活を振り返りました。ちなみにこの号は、本来は別の特集でしたが、それを取りやめ、一号丸ごと特集を差し替えています。イチロー選手には、210安打を放った1994年からずっと『Number』にご登場いただいてきました。『Number』はその稀代の歩みを追いかけ続けてきましたし、イチロー選手も『Number』を非常に大切にしてくださっています。本当に、感謝の言葉しかありません。

　イチロー選手の日本での試合を前に発売した974号「イチローを見よ。」から、「イチローを見たか。」、「イチロー戦記。」と、3号連続の「イチロー特集」となりました。3号続けて同じアスリートを特集するのは、2020年創刊40周年を迎える小誌でも史上初の試みでした。読者が読みたいもの、アスリートの皆さんが我々に期待しているもの、我々編集部が表現したいもの、その3つを、今後もうまく組み合わせていきたいと思っています。

　読者が読みたいものを探るのはとても難しいのですが、その一つの手段として利用しているのが、Twitterです。たとえば「雑誌名＋特集したアスリートの名前」で検索をかけると、様々な感想や意見を見ることができます。いま申し上げた、イチロー選手が引退発表した際には、「Numberで組まれる特集に期待」とか「Numberのインタビューを待とう」といった期待の声が大変多く、その声に応えたい、と強く思いましたし、身が引き締まる思いがしました。批判的な意見を見ることもできるTwitterは、どういう記事が読まれているのか探るツールの一つと

して参考にしています。

　976号「イチロー戦記。」には、元中日ドラゴンズ・岩瀬仁紀投手のノンフィクションを同載したのですが、こちらも「面白かった！」と評価するTwitterの投稿を多く目にしました。この企画は、東海テレビ放送さんとの共同企画で、テレビでは、岩瀬投手の引退試合の日にドキュメンタリーが放映され、その後、小誌で記事を掲載したものです。2007年、中日の日本一が懸かった日本シリーズ第5戦9回表、それまで日本ハムを相手に完全試合を演じていた山井大介投手から最終回のマウンドを託された岩瀬投手が投げた渾身の13球。その13球を巡る想いと人間模様を、岩瀬さん、山井さんが初めて明かす事実をはじめ、多くの関係者に取材したロングノンフィクションです。こうした厚みのあるノンフィクションは、これからも積極的に載せていきたいと考えています。

　読者の読みたいものを探る、という点では、「Number Web」で随時募集する読者アンケート企画も大いに役立てています。「平成五輪秘録」という特集では、〈平成のオリンピック日本人金メダル、あなたの「ベスト」は誰？〉というWebアンケートの結果を踏まえ、五輪で活躍した名選手のインタビューなどを行いました。また、「プロレス総選挙」という定番特集はこの6月に発売した号で一応FINALを迎えたのですが、読者の投票によって表紙を決める、という冒険的な企画でした。『Number』を支えてくれるファンはもちろん大切にしたいですし、これから40周年、

『Sports Graphic Number』の編集力

校了直前でも差し替えるタイムリーさ　　　アスリートに深く迫る

▼

スポーツ好き読者に共感が生まれる

1000号という大きな節目を迎えますので、読者の方々に恩返しをできるようなリアルなイベントも実施したいと考えています。

アスリートに敬意と感謝を示す純広告に反響

　『Number』は、スポーツやアスリートを応援する企業の皆さんにとっても喜んでいただける雑誌ではないかと思っています。「イチロー戦記。」では、ありがたいことに、イチロー選手を起用する企業の皆様の純広告をいくつも入れていただきました。たとえば、表4に掲載したオリックスさんの広告のコピーは、「あなたのプレーを見たい。そう思えた時代を、ありがとう。」読者の皆さんの胸に響く、非常に評判がよい広告でした（➡事例98ページ）。

　また、広告タイアップの記事については、メディア事業局が、アポとりから誌面制作に至るまですべて行っています。活躍中のアスリートの皆さんに登場していただく広告は多くあり、広告発の企画が特集記事や別冊に発展することも珍しくありません。

　こちらは広告ではありませんが、新たな取り組みとしては、2020年に向けて、「新しい地図」の3人がパラアスリートの皆さんと対談する連載も2018年から始めています。

　他の新しい取り組みとしては、2018年、大谷翔平選手や羽生結弦選手が表紙の号では、表紙を折り返すと、もう一つ表紙がある仕掛けをつくりました。

　「Number Web」との連携も、先ほど挙げたような読者アンケート企画に留まらず、動画を活かしたり、様々な企画を今まさに練っているところです。『Number』本誌では、小誌にしかできない深掘りした記事を載せたり、名鑑を付録に付けるなど、「保存したい」と多くの読者の方が思ってくださる雑誌を作っていきたいと思っています。

▶COLUMN
メディアのファンをマーケティングに活かす
読者とつくる「信頼残高」が価値に

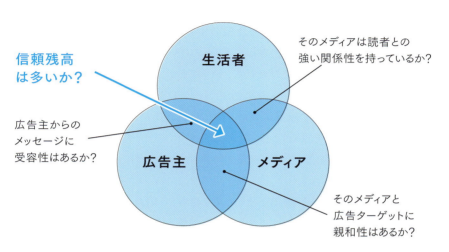

メディアのファンを取り込むマーケティング

信頼残高は多いか？

そのメディアは読者との強い関係性を持っているか？

広告主からのメッセージに受容性はあるか？

生活者

広告主

メディア

そのメディアと広告ターゲットに親和性はあるか？

資料提供：ADKマーケティング・ソリューションズ　沼田洋一氏

雑誌ファンを自社に取り込む

　3章では、雑誌編集長がいかに読者の関心を高め、ファンを作っているかを見てきた。1章で電通　出版ビジネス・プロデュース局　中村一喜氏が指摘するように、編集長のインサイト把握やストーリー構築力が、共感を呼ぶコンテンツを生み、情報受容度の高い雑誌ファンを生んでいる。

　「読者ブロガー組織をつくっている女性誌の編集部へ打ち合わせに行くと、『あの人は最近家を新築したから、冷蔵庫がちょうど入る』『仙台に住んでいるあの人は、お米にこだわっているので炊飯器の企画に出てくれるかもしれない』といったことまで話題にのぼり、読者とメディアのつながりの深さに驚かされます。読者の悩みやライフスタイルを知っているからこそ、共感性の高いコンテンツが生まれ、その提案が受け入れられやすくなります」(中村氏)。

大量生産・大量消費をベースにした画一的なマスマーケティングが効きづらくなる中で、価値観が共通するコミュニティに深く刺さるアプローチをしたい。そんな広告主にとって、セグメントされた雑誌メディアのファンを、自社に取り込むマーケティングは、改めて見直しておきたい手法である。

「共感」を基点に情報が広がる時代

　「情報流通の仕方が変わり、ファンからの共感を軸に信頼を得ていくマーケティングの必要性は増している」。
　こう話すのは、25歳以下の女性向けにトレンド情報を配信する「MERY」のBRAND STUDIO部長 青木秀樹氏だ。
　「女子高生の店選びに影響を及ぼす人気インフルエンサーが、コミュニティの一歩外に出ると、存在さえ知られていない。こうしたことがあちこちで起きています。情報流通が局地的になってきているのです。マスメディアが取り上げたものを、みんなが真似するという現象が生まれにくくなり、トレンドが見えにくくなりました。一方で、デジタルを介した共感が一定値に達すると、マスが取り上げ、トレンドになっています。シンガーソングライターのあいみょんさんがその代表例。紅白歌合戦の出演で一気に有名になりましたが、それまでもSNS界隈で活躍され、根強いファンもいました。小さなコミュニティの中でじわじわと共感が生まれると、信頼性が増し、情報も伝わっていくという構造です」（青木氏）。
　2017年に小学館とDeNAによる共同出資会社が立ちあがり、新たな体制で再スタートした「MERY」は、編集長を立てず、130人の公認ライターを採用し執筆するスタイル。広告案件はBRAND STUDIO部が担当する。記事については「アイドルがプロデュースしたアイテム」といった「お手本」となる人を提示する記事より、「涙袋なんて生まれつきって諦めてた。今から出来る愛されぷっくりアイの作り方」のように、等身大の記事のほうが圧倒的にPVがいいという。一人ひとりの共感の深さは、PVでは表れづらいが、読者と同世代の公認ライターの視点が「共感」するメディアの土台にある。
　雑誌の場合は、読者人気の高い専属モデルやインフルエンサーなどを起用し、憧れや驚きを交えた「共感」を産み出すケースも多いが、いずれの場合も、ファンからの「共感」や「信頼」が、メディアの広告価値を高めるポイントとなる。

信頼の総量が多いメディアと組む

　ADKマーケティング・ソリューションズで、データドリブンマーケティングを推進する、事業役員データインサイトセンター長の沼田洋一氏は、「広告主がメディアのファンを取り込むマーケティングを成功させるには、読者とメディアの間に積み重なった、信頼の総量が大事になってきます」と指摘する。

　「メディアは、ターゲットに響く企画の切り口を提示したり、読者とのつながりを深める取り組みをして『信頼残高』を増やしています。ここでいう信頼というのは、情報の正しさが保証されているといったことだけでなく、メディアに親しみを感じるといったことも含みます。広告主側は、組むメディアを選ぶ際、訴求したいブランドを受容する読者が多いかどうかだけでなく、読者との『信頼残高』が多いかどうかにも目を向けていく必要があります」と沼田氏。生活者、広告主、メディアが重なりあう場所を、「信頼」「共感」の軸から捉え直しておきたい。

広告・マーケティング従事者が集うイベント「AdverTimes Days2019春」(主催：宣伝会議)で、「出版社と創るファンマーケティング」をテーマに、ADKマーケティング・ソリューションズの沼田洋一氏、電通の中村一喜氏、MERYの青木秀樹氏がセッション。270名が来場した。

CHAPTER 4

デジタル時代の
出版コンテンツのこれから

雑誌のデジタルシフトが進む中、マーケティングにおける雑誌活用にも変化が起きています。雑誌メディアのパワーをこれまでとは異なる視点から可視化、指標化していこうという動き。SNSで情報発信を活発に行う読者を、広告主が起用している実態。雑誌コンテンツの二次活用が進む中でのメディアプランニングのありかた。出版コンテンツをとりまくこうした動きをレポートしながら、これからの雑誌メディアが担う役割について考えていきます。

雑誌の価値を可視化する

デジタルシフトが進む中、雑誌の価値を数値化する動きが進んでいる。日本ABC協会や日本インタラクティブ広告協会、日本雑誌広告協会などで、広告効果指標やガイドラインの整備に取り組み、講談社のデジタルシフトを推進する、同社ライツ・メディアビジネス局 局次長 長崎亘宏氏は「これまで信じてきた雑誌の影響力、ブランドパワーを可視化する必要がある」と指摘する。

―誰でもコンテンツをつくれ、誰でもメディアを名乗れる時代になり、雑誌や雑誌広告の価値は、どのように変化していくでしょうか。

　10年ほど前までは、情報を雑誌に載せることで信頼性が高まるといった「メディアブランド」としての価値や、編集力、キャスティング力などの「コンテンツ力」が、雑誌の価値として広告主から評価されてきました。一方、ここ数年で注目を集めているのが、「雑誌ユーザー」がもたらす価値です。雑誌を自ら購入し、雑誌が打ち出す世界観に共感し、愛してくれている読者、雑誌が引き寄せるユーザーそのものの価値が高いということです。

　これまでも誌面に読者モデルが登場したり、影響力の大きい読者を組織化したりといったことは行われてきました。その後、SNSで一人ひとりの発信が活発になると、雑誌の読者組織は、拡散力の高いインフルエンサーの集まりという捉え方に変わってきています。講談社でいうと『VOCE』の「VOCEST！」、『ViVi』の「ViVi girl」、『with』の「with girls」といった雑誌公認のインフルエンサー組織があります。SNSのフォロワーが多いインフルエンサーに集まってもらい、誌面作りやイベントへの参加、企業コラボの案件にも協力してもらっています。コンテンツ力などの従来の価値と「ユーザーの価値」が合わさり、現代の雑誌の価値は形成されています。

―雑誌公認インフルエンサーによる情報拡散は、雑誌の影響範囲が拡張している表れです。

　拡張する雑誌の価値を可視化するため、第三者機関として部数を公査している日本ABC協会は、2015年からWEBやSNSなどの数値も指標とし、雑誌発行社レポートで発表しています。2017年には、Yahoo!ニュースやスマートニュー

スなど外部配信先からの閲覧者も雑誌ユーザーととらえ、計測への協力に応じた外部サイトの閲覧ページ数の合計を出し、広告主への説明責任に対応しようとしています。拡張する雑誌の価値を測定する動きは決して国内に限った話ではなく、米国雑誌協会（MPA）はウェブ、モバイル、動画などを合わせた「Magazine Media 360°」という指標を公開していますし、欧州では、パブリッシャーとエージェンシーの共同出資で設立したThe Publishers Audience Measurement Company（PAMCo）が、デジタル領域を含めた数値を調査しています。

——雑誌の影響度を可視化するには、指標の再構築が必要ということですね。

「2018年 日本の広告費」（電通）によると、雑誌広告費は1841億円、日本の総広告費の2.8％です。また「メディア定点調査2019」（博報堂DYメディアパートナーズ メディア環境研究所）によると、1日あたりのメディア接触時間（週平均・東京地区）において、雑誌は10.7分、全体の2.6％という結果でした。この数字だけを見れば、雑誌は広告において3％弱のソリューションでしかなく、読まれてもいない、ということになります。

でも本当にそうでしょうか？ 本誌に接触しなくても、SNSや外部配信先など、いろんなところで雑誌のコンテンツを見聞きしているはずです。日本ABC協会が外部配信先のPVを公表しているように、新しい指標が可視化されていない雑誌の価値を掘り起こすことにつながると思います。

外部配信先の閲覧ユーザーも雑誌ユーザー

雑誌購読者
読み放題サービス利用ユーザー
雑誌ブランドサイトWEBユーザー
外部配信先での閲覧ユーザー

ここをどう評価するか

日本ABC協会では、外部配信先での閲覧ユーザーの数値も雑誌の影響力を測る数値として発表している。

CHAPTER4　出版コンテンツのこれから　145

また「2018年 日本の広告費」のインターネット広告媒体費のうち「マスコミ4媒体由来のデジタル広告費」を見ると、雑誌が337億円で、総額582億円の約6割を占めます。今後拡大が期待される区分ですが、電子版を出している新聞や、ネット配信をしているテレビ、ラジオと比べてもデジタルシフトが進んでいるのです。講談社の広告収入も、2019年度上半期は5割がデジタル広告となり、収入源が変化していますし、日本雑誌広告協会の広告問題対策委員会が行った2018年度調査では、紙媒体の電子版率が53.8％と半数を超えていました。こうしたデジタルシフトを受け、日本雑誌広告協会は2019年、電子雑誌の広告価値向上や安定的な運用に向け「電子雑誌広告取引におけるガイドライン」を出しています。

マスコミ4媒体由来のデジタル広告費、雑誌由来が約6割

	2018年 広告費(億円)
マスコミ4媒体由来のデジタル広告費	582
新聞デジタル	132
雑誌デジタル	337
ラジオデジタル	8
テレビメディアデジタル	105
テレビメディア関連動画広告	101

「2018年 日本の広告費」(電通)

――デジタルシフトが進んでいるからこそ、数値化しやすい面もありそうです。

　例えば、『ViVi』では「ViVi Night」という有料イベントに毎回2000人のファンが来場します。では2000人しか届いていないかというと、そうではありません。「FRESH LIVE」のライブ配信では10万人以上が視聴し、SNSの「#びびないと」のトータルリーチは5000万以上と集計されました。こうした反響のベースとなっているのは、雑誌の読者15万人、「NET ViVi」ユーザー70万人、SNSのフォロワー170万人という『ViVi』のファンの存在です。

　雑誌のブランド力や、ファンとの絆、編集者のコンテンツ力といったこれまで信

じてきた価値を、様々なアクセス解析を通じて可視化していく必要があると思います。どんな記事が読まれシェアされたのか、どの動画の完全再生率が高かったのかといった、成果に合わせ、コンテンツや編集タイアップのアイデアを考えた編集者やライターも評価されるべきだと考えています。

―価値の可視化における課題は何でしょうか？

　デジタル広告にも種類があり、バナー広告や検索広告といったいわゆるディスプレイ型は、出版社もプラットフォーマーと同じ土俵に立って戦わなければいけません。一方で雑誌が得意とするのは、デジタル上の編集タイアップ。顕在化していないニーズを開拓し、商品への関心や購買意向を上げていくコンテンツ型です。この分野における効果検証や基準は、出版社が率先してつくる必要があります。なぜなら雑誌の持つストーリー性やインフルエンサーなどの資産をフルに活かして仕掛けているのがコンテンツ型の広告だからです。効果を測るには、協業する企業からのデータ協力も必要になります。講談社ではコンテンツの影響力を高めるため、ヘルスケアアプリのFiNCやTikTokなどのプラットフォーマーとの連携も強化しています。

―本誌ではなくデジタルコンテンツと組みたいという広告主の要望もありますか。

　少なくありません。例えば、広告主のSNS運営支援の依頼があります。広告主の公式アカウントよりも、雑誌と組んだアカウントのほうがエンゲージメント率が高い、という事例も出てきています。雑誌はユーザーに愛してもらえるコンテンツ、シェアしてもらえるコンテンツをつくるのが得意、という意味では、実はデジタルもアナログも関係ないように思います。

　ネット広告は、ユーザーから見ると、視聴結果に基づいて「追いかけてくる広告」になっているところがあります。しかし雑誌ならユーザーが「追いかけたくなる広告」をつくれます。雑誌の持つキャスティング力を活用しながら、すでに雑誌についているファンに共感してもらえるストーリーをつくり、外部プラットフォーマーと協業しながら広げていくのです。広告主には、ゼロから企画をつくって「ストーリーテリング」をするより、雑誌の持つファンや資産に乗る「ストーリーライディング」をしませんか？　と提案をしています。

——講談社では、『FORZA STYLE』『mi-mollet』など、雑誌を母体にしないデジタルメディアも強化されています。

　これまではプリントメディアをデジタル化する流れでしたが、SNSやWEBを基点にコンテンツをつくって、プリントメディアに集約するという逆の考え方も浸透するのではないかと思います。例えば女性ソロ写真集としては今世紀最大のヒットになった白石麻衣さんの写真集『パスポート』は、SNSなどで写真やエピソードを意図的に公開しているんです。それでも写真集を買いたいという方が多くいました。この売れ方は、これからのコンテンツの読まれ方を象徴しているように思います。無料で読めるWEBコンテンツを読んでいた人がファン化し、有料のデジタルコンテンツやプリントメディアも購入するようになる、という流れです。

　広告主との組み方も、編集部と広告主が一緒になって語るべきテーマを探しコンテンツをつくり、メディアを広げていく、というアプローチをすることで、出版社にとってのチャンスも開けると思います。

長崎 亘宏
講談社 ライツ・メディアビジネス局 局次長
兼 IT戦略企画室 室次長

広告会社を経て2006年講談社入社。雑誌広告効果測定調査「M-VALUE」の設立・運営、日本ABC協会にて雑誌ブランド指標の策定などに従事。

雑誌公認インフルエンサーの
マーケティング活用

雑誌には、著名人から一般の読者モデルまで様々な人が登場するが、その一人ひとりがSNSでたくさんのフォロワーを持つ「インフルエンサー」であることも多い。雑誌公認のインフルエンサーを、編集タイアップ案件に起用する動きも出てきている。

インフルエンサーによるリアルなコメントが響く

　SNSが生活者に浸透し、人々の購買行動に大きな影響を与える中、広告主のマーケティング活動においても、SNSのフォロワー数が多いインフルエンサーの活用が進んでいる。商品のファンによる実感のこもった投稿は、広告主による一方的な情報提供と比べ、身近に感じられるといった利点があるからだ。

　広告主に対し、雑誌で活躍するインフルエンサーをアサインする事業を行っている出版社の一つが集英社だ。2017年から事業を立ち上げ、雑誌編集部が抱える読者モデルや読者ブロガーなどから成る「読者インフルエンサー」や、各誌で活躍するモデル、タレント、スタイリストなどから成る「スペシャルインフルエンサー」を、広告主が起用できるメニューを展開している（同社が業務提携しているUUUM「LMND」に登録のインフルエンサーの起用も可能）。

　広告主は、インフルエンサーに商品を体験してもらったり、新製品発表会に招待したりすることができる。広告主から依頼があった時点で、集英社はインフルエンサーの中から参加希望者を募り、インフルエンサーは個人の「Instagram」アカウントで、対象商品に関して感じたことを「#Sponsored」などの表記をしたうえで発信するという流れだ。同時にインフルエンサーが雑誌やWEBの編集タイアップ企画に登場する別メニューも組み合わせ、相乗効果を狙うケースもある。

　「インフルエンサーを起用するときには、対象商品が好きかどうか、ということがスタート地点にあり、そこが広告主からの評価につながっています。インフルエンサーによるリアルなコメントが、新規顧客数増加に寄与するなど、着実に成果が出てきており、化粧品メーカーを中心に、インフルエンサーを定期的に活用する広告主もいます。スペシャルインフルエンサーは、フォロワー数も多く、広くリー

チをさせたい場合に向いているのに対し、読者インフルエンサーは、個人的なつながりの度合いが高く、コメントのやりとりも活発。コアなファンをつかみたい場合に向いています。活躍している読者インフルエンサーは、コメントがキャッチーで写真の撮り方もうまい。広告主からの指名も集まっています」と広告部デジタルプロデュース課 川上慎太郎氏は話す。

　SNSで活躍する人たちは多数いる中で、雑誌に紐づくインフルエンサーを活用するメリットの一つは、各雑誌の世界観に共感する読者にアプローチできる点だ。例えば美容誌が公認する読者インフルエンサーを起用するとなれば、化粧品に関して普段から熱心に情報収集している感度が高い読者を集め、体験コメントを発信してもらうことができる。

　また誌面でなじみのある影響力の高いモデルやスタイリストなどのインフルエンサーを起用し、個人の「Instagram」アカウントから投稿してもらうことで、従来の紙媒体にとどまらない生活者との接点の広がりも期待できる。

　ただし、インフルエンサーの投稿内容は、広告主が修正できるものではない、ということは念頭に置いておく必要がある。

　「インフルエンサーは、実際に商品を使った上で投稿します。薬機法に関わることなどガイダンスは事前に行い、最低限の表現のチェックはしますが、それ以外の修正はしません。生の声をそのまま投稿してもらいます」と川上氏。各編集部では読者インフルエンサーと交流できるイベントを開き、意見交換を行ったり、インフルエンサーマーケティングのガイダンスを行ったりしているという。集英社では、インフルエンサーマーケティング事業を行う前から、「LEE100人隊」をはじめとした雑誌に紐づく読者組織を持ちコミュニティを活性化させてきたが、そうした資産が「Instagram」を介したデジタル領域でも活かされている。

編集部が表現力の高い読者を育成

　デジタルでの読者の発信力が強まる中で、読者組織はどのように運営・育成されているのか。集英社の美容誌『マキア』の公式サイト「マキアオンライン」では、一般読者で構成される公式ブロガーが、ビューティ・コスメに関する記事を発信している。「願望実現ビューティー」をうたうマキア本誌に対し、その「実践」に重きをおくのが「マキアオンライン」。ブロガー記事は、コスメの使用感などが書か

れた、ビューティーの実践を後押しするコンテンツだ。ブロガーは、2019年現在「トップブロガー」12名、「チームマキア」141名。年に1回メンバーを入れ替え、一般公募によって集まった候補者を中心に厳選している。個人的なSNSで活発な発信をするブロガーも多いため、中には、広告主からの依頼を受け「インフルエンサー」として「Instagram」のPR発信を行う人もいる。

　一般的な口コミサイトも「マキアオンライン」のブロガー記事も等身大の視点であることは共通しているが、「マキアオンライン」では、表現力を高めるためのアドバイスを編集部がブロガーに行っている。ブログの書き方や表現の仕方、「Instagram」との違いなどについての講習会を社内で開いているほか、月1回会報をブロガーに配信し「夏色のコスメやボディケアについて発信してみては？」といった、エディター視点でトレンド動向を捉えた、ブログネタを提示。記事の講評も行い、ブロガーをケアする。全国にいるブロガーがドレスアップして参加する交流会も定期的に行っている。雑誌誌面やWEBコンテンツでの撮影に参加させたり、有名美容家によるセミナーにも参加させるなど、より実践的な体験の提供にも積極的だ。

ブロガーオフ会、講習会の様子。

　「記事更新のモチベーションを上げるための働きかけを密にしています。マキアオンラインに記事が載ることにやりがいを感じているコスメ好きの方は、長年ブロガーを続けてくださっています。ブログは表現力が求められますが、商品の特性や使用感をうまく伝えられる方が育ってきています」と「マキアオンライン」の大竹拓真プロデューサー。最近は動画を使ったブログ記事の需要も増加。質の高い発信ができるブロガーを編集部主導で育成している。

編集者視点のメディアプランニング

　雑誌ブランドのつくるコンテンツが、動画やSNS、イベントなどに拡張するなかで、広告主からの要望に対する編集部の向き合い方、スキルも変化している。デジタルコンテンツに先進的に取り組んできたハースト婦人画報社では、広告主へのメディアプランニングの提案にも編集者の視点を入れる。エル コンテンツ部 エル・オンライン編集部 コンテンツ マネージャー安楽城 誉子さんに聞いた。

動画もイベントも細やかにディレクション

　エル コンテンツ部は、3つのメディアを扱っていて、インターナショナルモード誌の『エル・ジャポン』と、20代、30代の自立した働く女性向けのWEBマガジン「エル・オンライン」、そしてミレニアル世代向けのオンラインメディア「エル・ガール オンライン」があります。スタッフはメディアごとに高い専門性をもちつつ、案件に応じて紙、WEB、動画、読者イベントと垣根を越えてコンテンツをつくっています。

　「エル・オンライン」では、エディトリアルコンテンツを手掛けるチームとは別に、タイアップ案件を主に手掛けるデジタル ブランデッド コンテンツ部を設けています。クライアントからオファーが来ると、早い段階で、営業担当と一緒にエディターが入ってプランニングをしていきます。

　クライアントからの課題は「ブランドの世界観を伝えたい」「この商品の認知度を上げたい」「集客したい」「ECサイトへの流入を増やしたい」など様々。課題に応じて、「ターゲットの多いエリアのデジタルサイネージでも放映できる動画をつくろう」とか、「イベントにインフルエンサーを集客してバズを起こそう」といった、エディターの知見からきめ細やかな提案ができるのは、エルの持ち味ですね。

　「エル・オンライン」の編集タイアップに関しては、サイトへの流入数、滞在時間のほか、ニーズの多い動画においては視聴率だけでなく態度変容調査などの細やかなデータもリポートしています。

　社内にビデオ撮影の専任チームがありますが、案件によっては外部の制作会社と協業して、動画制作のバリエーションを広げています。いずれにしても、動画の制作を丸投げすることはなく、エディター特有の視点を生かして多彩な映像

チームと一緒につくっています。例えば、「エル」らしさや、クライアントの世界観にあっているかなどは、エディターがハンドリングする部分です。動画の制作については、日々の実践で身につけてきました。デジタルサイネージの仕様についてもその場でしっかり学んで、次に進む。クライアントと組んで読者招待のイベントを実施する際は、読者の志向、共感を呼ぶコンセプト設計から行う事例が増えています。

ホットな話題を拡散、フォロワーをリアルに巻き込む

　ここ数年でクライアントからの要望として増えたのは、InstagramなどのSNSやWEBサイトへのクリエイティブの二次活用。例えばグローバルブランドの場合、日本限定で配信するコンテンツの相談をよく受けます。「エルでつくったコンテンツの二次利用を前提にタイアップしたい」といった依頼も少なくありません。それから、エルがイベント出演者をアサインし、イベントの様子を動画で撮影して、「エル・オンライン」やSNSで話題をつくってほしい、という依頼もあります。以前はリッチでゴージャスな動画をつくるのがトレンドでしたが、最近はよりオーガニックなコンテンツに見えるような動画をホットなタイミングで拡散しバズを起こすことが重視されていますね。例えば、SNSで告知動画を配信し、イベント中はInstagramをテイクオーバー、さらにSNSでキーワードを拡散し、それを店舗で伝えるとノベ

進化するエディターの役割

- プリント・デジタルを問わないコンテンツの作成
- 動画のディレクションや視聴データのレポート
- 広告主の世界観を活かすメディアプランニング
- イベントのコンセプト設計、即時レポート、来場者層の把握
- 二次活用を意識したコンテンツ作りなど

ルティを配布するという多角的な施策を実施したことも。エルのフォロワーをネットやアプリ上だけでなく、リアル店舗にまで巻き込むプラットフォームがクライアントからも好評でした。

インフルエンサーを起用し、ミレニアル世代へアプローチ

エルには「スタイルインサイダー」と呼んでいるインフルエンサーがいて、エルの世界観を発信してくれています。バレエダンサーやパラリンピアンなどいろんな人がいるのですが、私たちは彼女たちがどんなことに関心を持っているのかヒアリングしながらコンテンツをつくっていますし、クライアントからは彼女たちを起用してコンテンツをつくりたいというオーダーも来ています。スタイルインサイダーのスカウティングやマネジメントをメインに担当しているエディターもいます。

ミレニアル世代はなかなかモノを買わないと言われていますが、一度それがすごく良いとインプットされると強い。だから、信頼度が高く影響力を持った人たちを起用して情報を拡散するとか、ブランドのファンになってもらって店舗やECサイトに来てもらうといったことを常に考えていますね。私はもともと紙の編集が長く、オンラインに携わるようになってからは、紙のクオリティに対する対抗心もあったのですが、読まれるシーンもユーザーも違うということに気がついてからは、「デジタルだからできることはなんだろう」と考えるようになりました。時事性のある記事はもちろん、ハウトゥーものの動画も人気がありますし、診断や音声コンテンツなど、紙にはできないことも掘り下げていきたいと思います。

安楽城 誉子
ハースト婦人画報社 エル コンテンツ部 エル・オンライン編集部
コンテンツ マネージャー

「ヴァンテーヌ」、「エル・ガール」編集部 シニアエディターを経て、2015年より「エル・オンライン」のファッションデスク。副編集長を経て、2019年より現職。

雑誌が担う役割と出版社のこれから

　生活者をとりまくメディア環境が変化する中で、雑誌の読まれ方や、雑誌と広告主の組み方も多様になってきている。メディア間の境界線が希薄になる中でも、変わらず存在し続ける雑誌の価値は何なのか。日本雑誌広告協会理事長、マガジンハウスの片桐隆雄社長は、ダイバーシティの時代に雑誌だからこそできる役割があると問いかける。

マガジンハウス

片桐隆雄 代表取締役社長

1971年平凡出版(現マガジンハウス)入社。広告部部長、雑誌販売部部長、広告局局長、常務取締役などを経て2017年副社長に就任。2018年より現職。日本雑誌広告協会理事長。

一人ひとりの美意識、価値観が問われる時代の「雑誌」

　「雑誌」には、様々な種類がありますが、マガジンハウスの場合は、独特な空気感を持ったライフスタイルマガジンを扱っています。読者は、それぞれの雑誌に強く共感する「コミュニティ感」あるいは「サロン感」を持っていると思います。そこに存在するのは、各雑誌固有の美意識や価値観。これは新聞やキュレーションメディアとは決定的に違うところです。

　雑誌は、「時代の気分」を読み取ってきました。雑誌が「時代の気分」を創造してきたとも言えます。今や情報が氾濫し、AIが駆使される世の中。今後、「時代の気分」もAIのロジックによって、あたかも「正解」あるいは「正論」のように語られることも増えるでしょう。ただその正解にすべての人が集まれるかというとそうはいかないはずです。一人ひとりの人間に芽生える美意識や価値観は、よりパーソナルに細分化され、重要なものになっていきます。それは最適化され進化した情報社会で、人がどのように「ハピネス(幸福)」を感じるのか、という重要なテーマにも繋がると思います。

　様々な価値観が共存するダイバーシティ(多様性)の時代。社会や経済を刺

激するのはどんなことか？そう考えた時、次の3点において、雑誌が担う役割も大きいと思うのです。

雑誌が担う役割

新たな価値観の創造／好奇心の開拓／もっと自由な発想

これらのことは、新聞やキュレーションメディアに比して雑誌の強みであり、大きな価値であると考えます。

2019年4月〜6月、サントリー美術館で「information or inspiration? 左脳と右脳でたのしむ日本の美」という興味深い展覧会がありました。佐藤オオキ氏率いるデザインオフィスnendoとサントリー美術館が共同で企画した、日本美術を紹介する展覧会です。美術品を鑑賞する際の感動には「information（左脳的感動）」と「inspiration（右脳的感動）」の2種類があるという考え方で、同一の作品に対して2つの異なる鑑賞の仕方を提示する展示方法をとっています。展示室には作品情報を追いながら鑑賞する「information」の通路と、光の当て方や見せ方、素材感を際立たせるなどして直感的に美を体感できる「inspiration」の通路があり、佐藤オオキ氏はこれを「左右脳の間に存在する膨大なグレーゾーンを感じることを意図した」と語っています。

私がこの展覧会で感じたのは「これこそ、まさにライフスタイルマガジンの表現方法！」ということ。魅力的な写真やイラストで直感的な美意識を刺激し、その背景にある物語や説明をテキストで伝える。スタイルのある雑誌には、人々の感性を活性化させるような魅力があると改めて思いを強めたわけです。

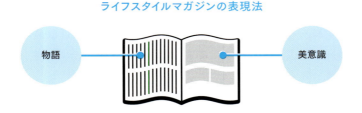

ライフスタイルマガジンの表現法

物語／美意識

サロン化されたコンテンツが、時代の空気を生む

　今後、雑誌やテレビ、ラジオ、デジタルメディアといったカテゴリー分けやメディア間の境界線は、ますます希薄になっていくでしょう。これまで印刷物として認識されてきた雑誌が、これからの時代、情報をアウトプットしていく先は、印刷物とは限りません。デジタル空間上にも登場するでしょうし、表現ツールも写真とテキストのみならず、動画や音声、リアルな場所でのイベント、様々な表現方法があります。当社のライフスタイルマガジンから派生したメディアが新たな試みをすることも考えられます。例えば「ライブ」で情報を発信していくことも。その時には「ライブスタイルマガジン」とでも呼びましょうか（笑）。

　また今後、ビジネス的視点に立つと、各雑誌の読者の捉え方は変化していくでしょう。ターゲットを広く設定する雑誌と、よりターゲットを狭めようとする雑誌の両極化も進むはずです。「限られた」人たちに特別なサービスを提供する「サロン」化されたコンテンツ発信も主流になると考えられます。そうした「サロン」には、個性の強い美意識と価値観が存在しています。そこに新たな「時代の空気」が生まれ「時代の文化」が創造されることをイメージしています。

編集部がクリエイティブのパートナーに

　当社のように、数多くの雑誌ブランドを抱えている出版社にとって、それぞれのブランドが持つ歴史、またはそのブランドを支持するファン（読者）との絆、そしてコンテンツそのものを創り出してきたクリエイティビティ、これらは出版社のコアとなる資産と考えています。

　そうした資産を有効に使っていただく、新しい広告の形も増えています。動画

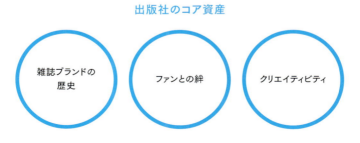

出版社のコア資産

の制作・監修や、読者を集めたイベントの開催、コラボ商品開発においては編集部から意見や要望を出すだけでなく、流通へのプレゼンに編集長が積極的にかかわるということもしています。また編集部が持つ知見や人脈を活用して、コンサルティングのように組ませていただいた事例もあります。単純に広告を出す媒体としてだけではなく、編集部をクリエイティブエージェンシーのように活用していただくという取り組み方が今後も増えていくものと思われます。

　印刷物の雑誌だけに焦点を当てると、左脳と右脳を刺激する「伝統芸」の領域に今後入っていくのかもしれません。新しい息吹を入れながらも進化を極め、どんな時代でも価値を持ち続けている歌舞伎や能のように。そして個々の強い雑誌ブランドは一つの「サロン」となっていくでしょう。一方で俯瞰してみると、雑誌の周りには、いつもデジタルやリアルなイベント、商品開発といったことが動いていて、他の領域と密接にかかわっています。出版社の形も当然変わっていきます。

雑誌と他メディアとのかかわり

　それでも、出版そのものがなくなることはないでしょう。マガジンハウスが発行した『漫画 君たちはどう生きるか』は、発売から約7ヵ月で200万部を超えました。漫画の原作が作られたのは、日中戦争が始まった頃、80年前です。いいコンテンツは時代を超えて生き続けます。雑誌が好きだ、いいコンテンツを読者に届けたい、という作り手がいる限り、雑誌文化は永久に不滅です。

付録 1 雑誌の基礎

雑誌とは

一定の編集方針のもと記事を集め、継続的に刊行する出版物を指します。冊子の形態だけでなく、電子雑誌も増えています。

情報があふれる現代において、生活者は、情報を自ら選び取り、読み解く必要があります。その点、ターゲットやジャンルを絞り、読者に寄り添う形で、発見や共感のある情報を継続的に提供している雑誌は、読み手との精神的な絆が築きやすく、雑誌ブランドのファンや、読者コミュニティが生まれやすいのが特長です。広告主にとって雑誌は、ターゲットに対して適切な文脈で情報を伝えることに長けたメディアです。

なお日本では「MAGAZINE」を雑誌と翻訳しますが、「MAGAZINE」とはもともと倉庫や貯蔵庫を意味する言葉。転じて、知識の庫としての雑誌という意味が定着しました。

広告媒体としての雑誌メディアの特長

1. 情報やモノに価値をつける、お墨付き力

情報の爆発的増加により、情報を読み解くリテラシーが必要とされる現代において、雑誌はガイドラインとなります。

- ある商品の購入を検討する際、それが雑誌に掲載されていると、『お金を払うに値する』という安心感につながります。
- 購入した商品が雑誌に掲載されていることで、"満足感"、"納得感"が増し、商品へのロイヤルティがアップします。

2. 読者にとっての価値を見つけ出す、インサイト力

雑誌をつくる編集者は、時代と流行、嗜好性等に対する洞察力があります。

- 毎号読者との接点を持ち、また読者と直接かかわることで得た"読者インサイト"を広告コミュニケーションに活用し、"読者から必要とされる"メッセージを見つけることができます。広告主とともに商品を開発することもあります。

3. 口コミの起点となる、情報伝播力
『読者』という良質なコミュニティを介して発信する拡散力を持っています。
- 影響力のある読者（＝優良インフルエンサー）を活用し、商品の使用感やイベントレポートなどを発信することで、口コミ効果を最大化することが可能です。

4. 雑誌編集や人的つながりを活用した、ネットワーク力（人的・ルート的）
出版社は、独自の強い人的・ルート的つながりを持っています。
- 編集部の最大の強みのひとつは、有力な人的ネットワーク。日々の雑誌制作で培った人脈をもとに、読者からの関心が高い人を広告に起用することで、目を引きます。書店などルート的ネットワークを使い広告主とイベントや展示を行うこともあります。

5. 情報を読者に伝わる言葉や写真に変換する、コンテクスト力
広告主のメッセージを、生活者のニーズや感性に合わせて表現する文脈醸成力があります。
- 読者が興味のあることを中心にとらえた切り口を見つけ、共感や驚きのある表現を生み出します。

6. 出版社が創作し権利を保有する、コンテンツ力
生活者とのコミュニケーションを豊かにできるリソースがあります。
- キャラクター、モデル、ブロガー、雑誌定例のコーナーなど出版社の豊富なコンテンツを活用して広告を制作することにより、より注目を集め、記憶にとどめやすい表現をすることが可能です。

7. 読者を有望な顧客へ育成する、ナーチャリング力
優良顧客層の潜在ニーズを掘り起こし、育成する力があります。
- 読者インサイトを背景に、読者が自分ゴト化できる具体的なシーン演出やコンセプトを提示し、読者の潜在ニーズを育成していきます。

読者行動に基づく雑誌メディアの特長

1. ロングライフメディア
雑誌は保存性が高く、数ヵ月の間に繰り返しじっくり読み返されるメディアです。

2. セルフペイドメディア
雑誌はお金を支払って購入されるメディアです。読者からの情報に対する信頼性は高く、また情報を能動的に取る読者が多くいます。

他媒体との比較

生活者の視点から各メディアの状況を見渡してみると、生活の一部になっているテレビ、自分だけの世界にひたれるラジオ、情報の信頼性が高く仕事や勉強に役立つ新聞、膨大な量の情報から知りたい情報を探すことができるインターネットなど、それぞれの特長があります。

雑誌は、自分らしさの表現やトレンドをつかむ上で役立つメディアで、精神的なつながりが強いという特長が見られます。

【生活者から見た各メディアの役割】

雑誌	テレビ	ラジオ	新聞	インターネット
▶自分らしさを表現するのに役立つ ▶趣味や余暇に役立つ ▶人気や流行を知る上で役立つ	▶取り上げられた内容についてよく話題にする ▶自分にとってなくてはならない ・生活の一部になっている	▶自分だけの世界にひたれる ・取り上げている内容が楽しめる ・接していて楽しい	▶情報に信頼性がある ・仕事や勉強に役立つ	▶知りたい情報を積極的に探す ・情報が詳しい ・興味関心のあることを豊富に知る
				ブログ・SNS ▶自分が参加できる情報を探す
				フリーペーパー・フリーマガジン ▶内容が買い物や行動の参考になる
精神的なつながり ＝ 絆	社会的つながり	個の楽しみ	信頼感でのつながり	機能的つながり

ビデオリサーチACR／ex2018年4-6月調査データをもとに、電通にて編集
(東京50km圏、関西、名古屋、北部九州、札幌、仙台、広島の7地区の男女12〜69歳を対象)

雑誌の種類

出版科学研究所によると2018年の雑誌発行銘柄は、週刊誌82点、月刊誌2739点(取次ルートを経由した出版物を対象)となっており、そのジャンルは多種多様です。雑誌にはどのような種類があるのでしょうか。

1. 刊行ペースによる雑誌分類例
週刊、隔週刊、月2回刊、月刊、隔月刊、季刊、ムックなど

2. ジャンル別の雑誌分類例
●**一般誌**　年代や趣味嗜好に合わせて発行される雑誌
●**専門誌**　専門分野に特化した雑誌
●**会員誌、フリーマガジン**　会員へのサービスで配布するもの・無料で手に入れることができる冊子

【男性誌・専門誌 ジャンルマップ】

◀ 一般

マスメディア誌

一般週刊誌
- 週刊文春
- 週刊新潮
- 週刊朝日
- 週刊ポスト
- 週刊現代
- サンデー毎日
- SPA！
- 週刊アサヒ芸能
- 週刊実話
- 週刊大衆
- 週刊プレイボーイ
- AERA

写真週刊誌
- FRIDAY
- FLASH

コミック誌
［少年向けコミック］
- 最強ジャンプ
- ジャンプSQ.
- 少年ジャンプ
- コロコロコミック
- ゲッサン
- サンデーGX
- 少年サンデー
- 少年チャンピオン
- 少年マガジン
- 少年エース

［男性向けコミック］
- ヤングジャンプ
- ビッグコミック
- ビッグコミック オリジナル
- ビッグコミック スピリッツ
- ビッグコミック スペリオール
- アフタヌーン
- イブニング
- モーニング
- ヤングマガジン
- コミックゼノン
- 漫画アクション

総合男性誌

総合月刊誌
- 文藝春秋
- 選択
- 潮
- 世界
- 中央公論
- 正論
- 第三文明
- Voice
- 図書
- 致知
- 歴史街道

小説・文芸誌
- 小説新潮
- 文學界
- オール讀物
- 新潮
- 群像
- 小説宝石
- すばる
- yom yom
- 文藝
- 小説幻冬

経済誌
- 経済界
- 財界
- THEMIS
- 会社四季報

マネー誌
- 日経マネー
- ダイヤモンドZAi

総合ビジネス誌

機内誌／車内誌
- SKYWARD
- 翼の王国
- トランヴェール
- Wedge
- ひととき

ビジネス誌
- 日経ビジネス
- プレジデント
- 週刊ダイヤモンド
- 週刊東洋経済
- Harvard Business Review
- Forbes JAPAN
- 週刊エコノミスト
- THE21
- NewsPicks Magazine

海外ニュース誌
- Newsweek日本版

オピニオン誌
- SAPIO

ファッション＆カルチャー誌

クオリティファッション誌
- MEN'S EX
- LEON
- UOMO
- OCEANS
- MEN'S CLUB
- Safari
- MEN'S Precious
- SENSE
- MADURO

クオリティライフデザイン誌
- BRUTUS
- GOETHE
- Pen
- GQ JAPAN
- Casa BRUTUS
- WIRED
- ENGINE

高級誌
- Nile's NILE
- Esquire The Big Black Book
- THE RAKE

ホビー＆カルチャー誌

クオリティライフ情報誌
- 一個人
- 東京人
- 自遊人
- 東京カレンダー
- 散歩の達人

ホーム＆エデュケーション誌
- プレジデントFamily
- AERA with Kids
- junior AERA
- 関西ファミリーWalker
- FQ JAPAN
- Hanakoパパ

エイジングライフ誌
- サライ

グルメ情報誌
- dancyu
- 料理通信
- 料理王国
- おとなの週末
- 食楽

個人 ▶

ヤング、ヤングアダルトファッション誌
- MEN'S NON-NO
- FINEBOYS
- POPEYE
- Begin
- i-D Japan
- Fine
- 2nd
- smart
- LOADED
- men's FUDGE
- Lightning
- CLUEL homme

ストリートファッション誌
- Ollie

カルチャーインフォメーション誌
- SWITCH
- Tokyo graffiti
- Metro min.
- Rolling Stone Japan
- Cut
- EYESCREAM
- GO OUT

カード・会員誌
- IMPRESSION GOLD
- AGORA
- BEYOND BY LEXUS
- CENTURION
- Honda Magazine
- SIGNATURE
- DEPARTURES
- JCB THE PREMIUM
- VISA
- Partner
- ana-logue
- JAF Mate

スポーツカルチャー誌
- Tarzan
- Number

ネイチャーライフ誌
- BE-PAL
- 岳人
- ナショナルジオグラフィック日本版
- ソトコト

ライフエンターテインメント誌

モノ・トレンド情報誌
- 日経TRENDY
- Goods Press
- Get Navi
- DIME
- MonoMaster
- 特選街
- MonoMax
- モノ・マガジン
- MONOQLO

エリア情報誌
- 各エリアWalker

エンターテインメント情報誌
- 日経エンタテインメント!
- ダ・ヴィンチ
- サイゾー

専門誌

建築・住宅誌	建築知識 ▶ I'm home. ▶ 商店建築 ▶ LiVES ▶ 住まいの設計
健康誌	わかさ ▶ ゆほびか ▶ 安心 ▶ 壮快 ▶ 健康 ▶ 明日の友 ▶ きょうの健康
ペット誌	Wan ▶ 愛犬の友 ▶ いぬのきもち ▶ ねこのきもち ▶ 猫びより
介護・シルバー誌	もも百歳
科学誌	Newton ▶ 日経サイエンス
ベンチャー誌	日経トップリーダー
パソコン・インターネット誌	日経パソコン ▶ 日経PC21
システム・ネットワーク誌	日経コンピュータ ▶ 日経NETWORK ▶ 日経ソフトウエア ▶ 日経SYSTEMS
ゲーム誌／アニメ誌	週刊ファミ通 ▶ Vジャンプ ▶ コンプティーク ▶ アニメージュ ▶ 電撃PlayStation ▶ Newtype
スポーツ誌	週刊ベースボール ▶ 週刊プロレス ▶ サッカーマガジン ▶ サッカーダイジェスト
ゴルフ誌	アルバトロス・ビュー ▶ 週刊／月刊ゴルフダイジェスト ▶ 週刊パーゴルフ ▶ GOLF TODAY ▶ Golf Classic ▶ ワッグル
クルマ誌	driver ▶ ベストカー ▶ カーセンサー ▶ Motor Magazine ▶ KURUMAG. ▶ CARトップ ▶ ル・ボラン ▶ CAR GRAPHIC ▶ CAR and DRIVER
時計誌	Chronos ▶ 世界の腕時計 ▶ 時計Begin ▶ WATCH NAVI
音楽誌／映画誌	音楽の友 ▶ rockin'on ▶ ROCKIN'ON JAPAN ▶ レコード芸術 ▶ SCREEN ▶ bounce ▶ シネコンウォーカー
カメラ誌	アサヒカメラ ▶ 日本カメラ ▶ デジタルカメラマガジン ▶ カメラマン ▶ CAPA
旅行誌	地球の歩き方 ▶ 旅行読売 ▶ 旅の手帖
インバウンド誌	Time Out TOKYO ▶ 暢遊日本 ▶ 日本達人 ▶ GOOD LUCK TRIP
アミューズメント誌	パチンコ必勝ガイド ▶ 週刊Gallop ▶ 競馬最強の法則

衛星メディア情報誌
- wowow
- スカパー!TVガイドプレミアム
- スカパー!TVガイドBS＋CS
- ひかりTVガイド
- 月刊スカパー!
- デジタルTVガイド
- CABLE GUIDE
- ジェイコムマガジン

テレビ情報誌
- TVガイド
- ザテレビジョン
- ステラ
- TV Bros.
- B.L.T.
- TV station
- TV LIFE
- TVnavi
- TVfan

付録 163

【女性誌 ジャンルマップ】

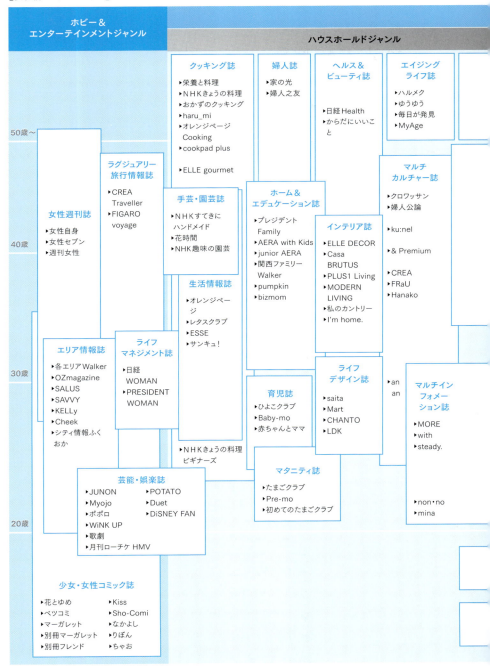

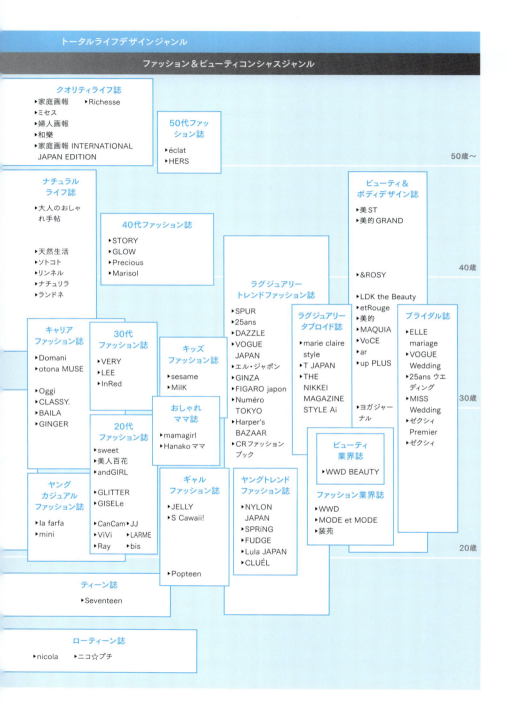

【雑誌ジャンルおよびカテゴリ区分一覧】

日本雑誌広告協会は、日本雑誌協会、日本ABC協会の協力を得て、3協会加盟雑誌を対象にした「雑誌ジャンル・カテゴリ区分」を公開しています。以下の区分に沿って対象となる雑誌を分類しており、雑誌名、雑誌にひもづく電子版・SNSの有無などの情報を、日本雑誌広告協会のHP内「雑誌ジャンル・カテゴリ区分」(http://www.zakko.or.jp/subwin/genre.html)で見ることができます。

総合月刊誌	ビューティ・コスメ誌	手作り
一般週刊誌	マタニティ・育児誌	園芸
写真週刊誌	健康誌	ペット
女性週刊誌	ブライダル情報誌	時計
男性ヤング誌	旅行・レジャー誌	きもの
男性ヤングアダルト誌	エリア情報誌	美容（技術者）
男性ミドルエイジ誌	文芸・歴史誌	カメラ
女性ティーンズ誌	テレビ情報誌	自然科学
女性ヤング誌	エンターテインメント情報誌	アート・デザイン
女性ヤングアダルト誌	ゲーム・アニメ情報誌	クロスワード・パズル
女性ミドルエイジ誌	少年向けコミック誌	ホビー
女性シニア誌	男性向けコミック誌	ギャンブル・ロト
ビジネス・マネー誌	少女向けコミック誌	語学
モノ・トレンド情報誌	女性向けコミック誌	教養
スポーツ誌	車内・機内・会員誌	教育（一般）
自動車誌	フリーマガジン	教育（実務者）
オートバイ誌	建築・住宅誌	時刻表
パソコン・コンピュータ誌	業界・技術専門誌	年鑑
生活実用情報誌	子供誌	ムック
食・グルメ情報誌	アウトドア	
ナチュラルライフ誌	住（インテリア・エクステリア・雑貨）	〈参考〉WEBマガジン

※年齢は、男女とも、ティーンズ：19歳以下、ヤング：20～24歳、ヤングアダルト：25～39歳、ミドルエイジ：40～59歳、シニア：60歳以上を目安とします。
※掲載データは2019年7月時点のものです。更新情報は、日本雑誌広告協会のHP内「雑誌ジャンル・カテゴリ区分」をご確認ください。

雑誌の歴史

1．明治～大正

日本で最初の定期刊行雑誌は、明治時代が始まる前年の1867年（慶応3年）に創刊された『西洋雑誌』といわれています。これは洋学者・柳河春三が刊行したもので、主としてオランダの学術雑誌を翻訳した内容でした。体裁は和紙の小型本、江戸開物社から月刊で発行されていました。

明治初期は、1874年に創刊した学術誌の『民間雑誌』『明六雑誌』や、1882年に創刊の欧米思想を紹介した『政理叢談』ほか、啓蒙的な役割の雑誌などが生み出されました。明治後期から大正にかけては、多くの雑誌が創刊され、「総合誌」「婦人誌」「少年誌」といった、現在につながる原型となるような雑誌が生まれています。創刊から100年以上経ち、今も続く長寿雑誌もあります。

1887年『反省会雑誌』（現『中央公論』）『国民之友』
1895年『東洋経済新報』（現『週刊東洋経済』）『太陽』
1903年『家庭之友』（現『婦人之友』）
1904年『新潮』
1905年『婦人画報』
1911年『講談倶楽部』
1913年『ダイヤモンド』
1914年『少年倶楽部』
1916年『婦人公論』
1917年『主婦之友』
1919年『キネマ旬報』
1922年『週刊朝日』『サンデー毎日』
1923年『文藝春秋』『週刊エコノミスト』
1924年『キング』

2．昭和初期・中期

戦後は、大正時代から台頭してきた「婦人誌」や、「娯楽誌」が隆盛。1950年代後半には「週刊誌」ブームも訪れました。

1945年『新生』『平凡』
1946年『ベースボールマガジン』『スクリーン』
1948年『美しい暮しの手帖』(現『暮しの手帖』)
1952年『明星』
1954年『メンズクラブ』
1956年『週刊新潮』
1957年『週刊女性』
1958年『家庭画報』『女性自身』
1959年『週刊少年マガジン』『週刊少年サンデー』『週刊現代』『週刊文春』
1961年『ミセス』
1962年『TVガイド』
1963年『プレジデント』『女性セブン』
1964年『平凡パンチ』
1966年『週刊プレイボーイ』
1968年『セブンティーン』『週刊少年ジャンプ』
1969年『週刊少年チャンピオン』『日経ビジネス』

3．昭和後期～平成

1970年代には新しいスタイルの「女性誌」、「ファッション誌」が相次いで創刊。その後「ニュートラファッション」「アンノン族」といった雑誌発のブームが作られるようになりました。1980年代になるとバブル経済の影響を受け、雑誌が最新情報の発信源となっていきました。さらに1990年代にかけては、外資系のファッション雑誌の日本版が相次いで創刊されました。2000年代は、40代、50代向けの雑誌が充実していきます。2010年代は女性誌から派生した男性誌や、男性誌から派生した女性誌も目立ちます。

1970年『anan』
1971年『non・no』
1975年『JJ』
1976年『POPEYE』
1977年『クロワッサン』『MORE』
1978年『Fine』

1980年『Number』『BRUTUS』『Popteen』
1981年『with』『リビングブック』(現『ESSE』)『CanCam』
1983年『ViVi』『LEE』
1984年『CLASSY.』『FRIDAY』
1985年『オレンジページ』『SWITCH』
1986年『Tarzan』『DIME』『FINEBOYS』『MEN'S NON-NO』
1987年『OZmagazine』『レタスクラブ』『日経トレンディ』
1988年『Hanako』『日経WOMAN』
1989年『エル・ジャポン』『サライ』『SPUR』『CREA』
1990年『FIGARO japon』『TokyoWalker』『dancyu』
1992年『Oggi』
1993年『たまごクラブ』『ひよこクラブ』
1995年『VERY』『ar』
1996年『いきいき』(現『ハルメク』)『サンキュ!』『Domani』
1997年『nicola』
1998年『VOCE』『Casa BRUTUS』
1999年『sweet』『VOGUE NIPPON』(現『VOGUE JAPAN』)
2000年『mini』
2001年『美的』『BAILA』『和樂』『LEON』『東京カレンダー』
2002年『STORY』『FUDGE』
2003年『InRed』『GQ JAPAN』『Safari』
2004年『Precious』『MAQUIA』『Mart』
2005年『GISELe』『食楽』『美人百花』
2006年『OCEANS』
2007年『Marisol』『éclat』『MonoMax』
2008年『HERS』
2009年『美STORY』(現『美ST』)
2010年『MEN'S Precious』『GLOW』『リンネル』
2014年『大人のおしゃれ手帖』『オトナミューズ』
2015年『PRESIDENT WOMAN』
2018年『美的GRAND』『週刊文春WOMAN』

雑誌の市場

雑誌の販売金額は減少が続いています。その背景には、デジタル化に伴う、生活者の情報摂取のあり方の変化などが挙げられます。

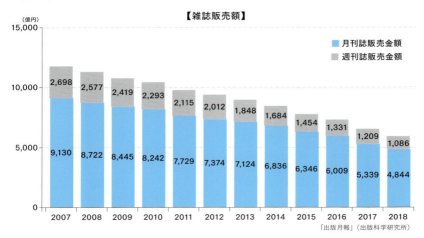

2018年の創刊点数は60点、休刊点数は129点と、休刊誌の点数が上回っています。休刊誌のなかには、デジタルマガジンへ移行したものもあります。
雑誌出版社は、デジタル化を通して雑誌以外でのマーケティング活動やコラボレーション展開など、新たな価値を読者や社会に提供しようとしています。
雑誌の販売、広告ともにデジタル領域をどう成長させるかが今後の鍵になります。

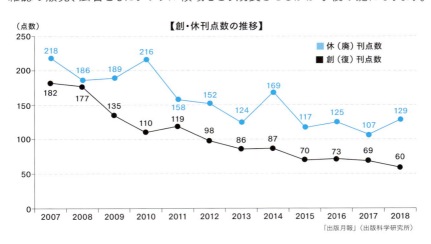

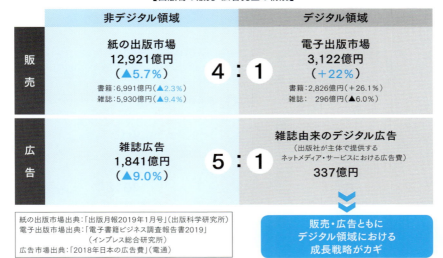

雑誌の部数

雑誌の勢いを知るための「部数」は、複数の集計方法があります。

1. ABC部数
- 実施機関：日本ABC協会
- 第三者として監査(公査)し認定。売上・費用から報告された部数を確認する帳簿調査。
- 取次からの返本を除いた、実売部数を反映

2. JMPA部数
- 実施機関：日本雑誌協会（JMPA）

2-1 印刷証明付部数
- 印刷工業会の協力を得て平均印刷部数を割り出したもの

2-2 自己申告部数
- 出版社がJMPAに対して自己申告する平均発行部数
- 返本部数も含まれます

3. 出版社発表部数（公称部数）
- 出版社が、自己責任で発表する部数

付録2 雑誌広告の基礎

雑誌広告の市場規模

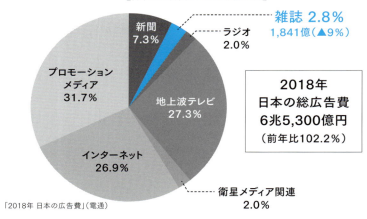

【日本の広告費からみる雑誌広告】
- 新聞 7.3%
- 雑誌 2.8% 1,841億(▲9%)
- ラジオ 2.0%
- 地上波テレビ 27.3%
- 衛星メディア関連 2.0%
- インターネット 26.9%
- プロモーションメディア 31.7%

2018年 日本の総広告費 6兆5,300億円（前年比102.2%）

「2018年 日本の広告費」（電通）

雑誌広告出稿量ランキング

【雑誌広告出稿量ランキング2018年】

順位	広告主名	当年364誌	
		広告量（頁）	広告費（千円）
1	シャネル	1483.03	3,015,681
2	マッシュスタイルラボ	1069.28	1,861,634
3	パナソニック	827.00	1,353,025
4	資生堂	753.50	1,265,741
5	リシュモンジャパン	699.73	1,312,010
6	スウォッチ グループ ジャパン	619.26	1,036,885
7	パルファン・クリスチャン・ディオール	609.00	1,197,035
8	三陽商会	516.00	835,210
9	コーセー	510.00	912,188
10	フィリップモリス	506.00	748,458

「広告出稿統計」エム・アール・エス広告調査

雑誌広告の種類

1. 純広告
広告主、広告会社側が制作する広告。ブランドの名称の訴求など「認知」を高めたいとき、「世界観」や「センス」を伝えるのに効果的です。

純広告の中には、テキストが多く記事風に見える「記事広告」もあります。広告主、広告会社側が制作しますが、掲載前に出版社側の原稿チェックがあります。「PR」「広告」などのクレジットを入れます。

2. 編集タイアップ広告
出版社が、雑誌の世界観に基づいて、広告主と協業して制作した広告。商品の機能や性質などに対する、読者の「興味」を促進し、「購入意向」を高めるのに向いています。誌面の打ち合わせ、撮影、校正作業が含まれるため、純広告に比べて発注締切が早くなります。通常の編集ページを担当しているデザイナーやライター、カメラマンの権限も尊重されます。そのため、広告主の要望はオリエン時にできる限り細かく伝えることが必要で、制作後に方針を変更し、再度制作させるようなことは受け入れられません。編集記事と区別するために「問い合わせ先」などクレジットを入れます。

【編集タイアップ広告と純広告の評価】

	編集タイアップ広告	純広告
商品の特徴が詳しくわかるのは	75.5%	24.5%
商品の購入などを検討する時に参考にするのは	73.6%	26.4%
実際に購入するキッカケとなるのは	71.4%	28.6%
商品について調べるキッカケとなるのは	64.0%	36.0%
商品に対するイメージが広がるのは	63.6%	36.4%
商品を知るキッカケとなるのは	56.8%	43.2%
商品の世界観が伝わるのは	48.0%	52.0%
ポリシーやメッセージを感じるのは	47.3%	52.7%
目にとまるのは	38.6%	61.4%
企業名、商品名が記憶に残るのは	34.3%	65.7%

（注）「GINZA、MAQUIA、LEON、VOGUE JAPAN（2016年2月調査）」「ENGINE、ALBA TROSS-VIEW（2016年10月調査）」「25ans、SPUR、STORY、エル・ジャポン（2017年10月調査）」「LEON、Safari、sweet、VOGUE JAPAN（2018年11月調査）」計14誌の加重平均
（注）各誌サンプル数は、「GINZA=163、MAQUIA=157、LEON=152、VOGUE JAPAN=158（2016年2月調査）」「ENGINE=165、ALBA TROSS-VIEW=155（2016年10月調査）」「25ans=165、SPUR=164、STORY=161、エル・ジャポン=163（2017年10月調査）」「LEON=172、Safari=169、sweet=163、VOGUE JAPAN=172（2018年11月調査）」
博報堂DYメディアパートナーズ「オリジナル調査（2016年2月・2016年10月・2017年10月・2018年11月調査）」をもとに作成

編集タイアップ広告制作時の注意点

1. 編集ページに準じた方法で制作するため、出版社側のデザイナーやライターの権限も尊重されます。
2. 広告主の誌面に関する要望は、オリエンテーション時にできる限り詳細に伝えます。
3. 取材・撮影は事後のトラブル回避のため、関係者の立ち会いが必要です。
4. 「レイアウトは、ラフ案の確認時」に「文字と写真は文字校正、写真の確認時」に修正することを念頭に置いておくと進行がスムーズ。最近では、レイアウト済みの記事のPDFが出版社から提出され、文字、写真、レイアウトを同時チェックすることもあります。

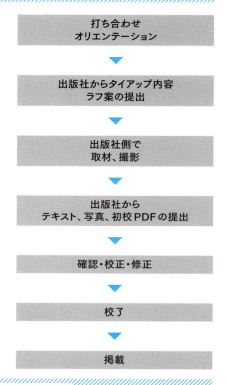

雑誌広告のスペース

雑誌の広告スペースは特殊面と中面の2つに大別されます。特殊面は、スペースが1箇所しかないものもあるので、スペースを確保できるか確認が必要です。

1. 特殊面
- 表まわり：表2は、表1の次のページ。1ページか、見開きかなど、制作時にページ数を確認する必要があります。表4は裏表紙。表3は、表4の裏側。
- 目次対向：目次と対面するスペース
- センター：中綴じ雑誌の真ん中部分の見開きスペース

2. 中面
- 前付け：雑誌の真ん中より前のスペース
- 後付け：雑誌の真ん中より後ろのスペース

広告制作時の注意

1. 塗り足し

製本の際、断裁の誤差で紙の白い部分が出ないように、裁ち落としの画像や地色を外トンボまで広げます。

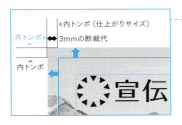

2. セーフティ（余白）

仕上がりサイズぎりぎりに要素を入れると断裁で切られる可能性があります。ロゴや文字、商品などが切られないようにセーフティ分を避けて配置します。

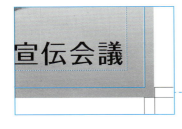

3. 製本と塗り足し

雑誌は大量のページをそろえて断裁して製本するため、若干のズレが発生します。その際に紙色（白地）が出てしまわないよう塗り足しを設けます。

4. 製本とセーフティ

製本裁断時に原稿の重要な部分が断裁されないよう逃がす幅をセーフティといいます。雑誌ごとの指定に沿ってレイアウトします。

※中綴じの雑誌の場合には特に注意が必要です。

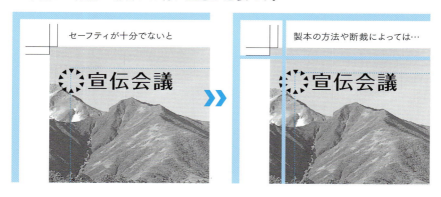

5. 中綴じの雑誌のセーフティ

表紙より綴じの中心に近いページほど、大きくカットされますので注意しましょう。

6. 見開き2ページのデータの注意

- 見開き2ページのデータは、基本的に1ファイルで作成します。
- 無線綴じの雑誌ではノドが開きにくい場合もあります。ノドにあたる原稿中央に文字や、商品、人物の顔などを配置しないよう配慮します。
- 表紙裏（表2や表3）にまたがる見開き広告は、本文と表紙の用紙や印刷機が違うため、左右のページで質感や色味が異なる仕上がりになることは、ある程度避けられません。

印刷と色

1. 色の基礎知識

カラー印刷は、4色のインク、C（シアン）、M（マゼンタ）、Y（イエロー）、K（ブラック）で、カラーを再現します。

モニターなどで使われるのは、レッド（Red）、グリーン（Green）、ブルー（Blue）で、印刷表現とは異なります。

2. JMPAカラー（雑誌広告基準カラー）

雑誌広告の制作から送稿、印刷に至るすべてのフローにおいて、デジタルプルーフ（色調確認用の出力物）を運用するための「色基準」にJMPAカラー（雑誌広告基準カラー）があります。

雑誌広告デジタル送稿推進協議会（日本雑誌協会、日本雑誌広告協会、日本広告業協会で構成）が策定し、日本雑誌協会が基準となるベンダーキットを頒布しています。

【JMPAカラーの運用例】

クライアント	制作／製版会社／広告会社	印刷会社／出版社
色を確認 JMPA Color 2018	制作側 JMPA準拠DDCP（プリンタ）／広告原稿データ（送稿）	印刷時の色見本 印刷側 JMPA準拠DDCP（プリンタ） JMPA Color 2018

それぞれの関係者が、JMPAカラーに準拠したDDCP（プリンタ）から出力されたプルーフを確認して運用します。

雑誌広告制作に対応する制作・製版会社はJMPAカラー準拠DDCPを所有することで、JMPAカラーに準拠したJ-PDF原稿の制作が可能です。

●印刷結果について

最終的に刷版から先の印刷現場では印刷機がアナログ工程であり、また環境要因（雑誌によって異なる紙質・印刷時の温度や湿度など）があります。そのため、制作段階の色味と「完全に一致」するわけではありません。ただし色調再現の安定化へ向けて、JMPAカラー2018は従来版よりも精緻につくられています。

雑誌の製本

1. 中綴じ

折りを開いた状態で重ねて表紙ごとに針金を貫通させて綴じます。週刊誌などに多い製本方法です。無線綴じや平綴じと比較し、ページがノドまで開きやすい特徴があります。

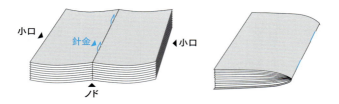

2. 無線綴じ（一般的に平綴じと呼ばれる）

背の部分に接着剤を塗布し、表紙で包む製本方法です。
雑誌に多いアジロ綴じは、背の部分を削り複数箇所の切れこみに接着剤を塗布するため、通常の無線綴じより強度があります。

3. 平綴じ

印刷の折りを重ねて、針金や糸で綴じ、表紙で包む製本方法です。見本は針金綴じ。リサイクルなど環境に配慮し、雑誌で針金は採用されなくなっています。

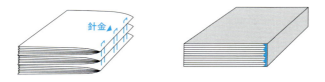

雑誌公式サイトの広告

「バナー広告」と「タイアップ広告」があります。

1. 本誌転載タイアップ広告
雑誌本誌で掲載したタイアップ広告を雑誌公式サイトに転載することで、読者との接点を広げることができます。

2. オリジナルタイアップ広告
雑誌公式サイト用にコンテンツを制作します。動画の制作やＳＮＳの活用などをメニュー化している雑誌もあります。

●タイアップ記事への誘導
効果を最大化するために、外部サイトやＳＮＳなどから送客する仕組みを組み合わせるのも効果的です。

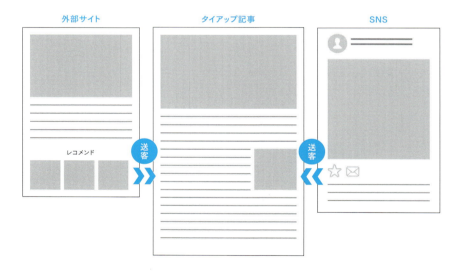

付録3 電子雑誌、デジタル広告の状況

電子出版の市場

電子出版の市場は拡大傾向にあります。電子雑誌は2018年微減しました。

【電子書籍・雑誌の市場規模】

※日本国内のユーザーにおける購入金額の合計を市場規模と定義
「電子書籍ビジネス調査報告書2019」(インプレス総合研究所)

電子雑誌広告取引におけるガイドライン

2019年5月に日本雑誌広告協会は「電子雑誌広告取引におけるガイドライン」を策定しました。

●目的
電子雑誌広告の価値向上及び安定的な運用。

●背景
- 紙媒体の電子版率は53.8%(2018年度)と、全体の半数を超えたこと。
- 雑誌コンテンツのリーチ方法は、読み放題・WEBサイト・LINEなどのSNS、アプリ、メールマガジンなど、多様化が進んでいること。

●内容(一部抜粋)

電子雑誌の定義
- 出版社により制作された紙媒体の定期刊行物の誌面データを活用し、インターネット等を通じてスマートフォンやタブレットなどの電子端末で誌面の再生を行うと同時に、その発行物の誌名や表紙デザイン、目次等、当該の発行物として認識しうるものを電子雑誌と規定する。

- また、出版社を販売元とする個別販売電子雑誌、読み放題サービスなど出版社外のコンテンツプロバイダーが行うものも含める。
- 誌面デザインを基本とし、当該の紙の発行物として認識できるものを指す。誌面データの一部を切り出して活用するマイクロコンテンツについては含まず、今後の議題とする。

電子雑誌広告の定義
- 電子雑誌における広告について、その頒布方法・広告再現性・電子雑誌の多様性に鑑み、紙媒体の本誌とは異なるものと捉える。ただし、掲載基準等の基本的な考え方は原則本誌に準じる。その広告は予約型・運用型に大きく分類され、広告の仕様については電子雑誌原稿の掲載以外に動画・音声といった表現手法を組み込めるものとし、さらにリンク機能・ダイナミッククリエーティブ・ネットワークなどインターネット独自での機能も織り込んだものとする。

マイクロコンテンツ活用

紙の雑誌を想定して作られた誌面PDFデータを記事／テキスト単位のHTML／XML（マイクロコンテンツ）に変換し、企業のオウンドメディア、ニュースサイト、電子書店へ供給する取り組みも行われています。

雑誌読み放題サービス

定額の読み放題サービスを使い、出版社を横断し、電子雑誌を読むことができます。ＮＴＴドコモの「dマガジン」、楽天の「楽天マガジン」をはじめ、複数のサービスがあり、ユニークユーザー数を伸ばしています。読み放題サービスのUU数が発行部数を超える雑誌もあります。

デジタルシフトする雑誌

「mi-mollet」「FORZA STYLE」など、紙の雑誌に紐づかない、デジタルメディアを出版社が拡充している動きがあります。また、紙の雑誌の発刊をやめ、デジタルメディアでのみ発信を行うケースも見られます。

雑誌由来のデジタル広告費

出版社は、デジタル事業を拡大しており、デジタル広告の売上が広告売上全体の半分近くになる出版社もあります。

「2018年 日本の広告費」(電通)によると、マスコミ4媒体事業社などが主体となって提供するインターネットメディア・サービスにおける広告費(マスコミ4媒体由来のデジタル広告費)のうち、出版社が主体となって提供されたもの(雑誌デジタル)は、全体の6割近くに上ります。

広告主は、生活者の情報接触状況にあわせて、オンライン・オフラインを問わないメディアプランをしており、例えば、出版社が制作した動画のプロモーション活用なども行われています。デジタルシフトが進む中で、出版社のコンテンツの質の高さや価値が改めて評価されています。

【マスコミ四媒体由来のデジタル広告費】

	2018年広告費(億円)
インターネット広告費	17,589
うちマスコミ4媒体由来のデジタル広告費	582
新聞デジタル	132
雑誌デジタル	337
ラジオデジタル	8
テレビメディアデジタル	105
テレビメディア関連動画広告	101

「2018年 日本の広告費」(電通)

付録4 出稿計画の立て方

出稿検討時に、広告主に確認する項目

1. ターゲット
2. コミュニケーション目的と達成目標
3. 出稿時期
4. 予算
5. 出稿希望雑誌
6. 掲載希望スペース
7. 純広告か編集タイアップ広告か
8. 他メディアとの連動(デジタル、イベント展開、拡散施策の有無)
9. 広告主独自の掲載条件

雑誌広告のプランニング指標

1. ターゲット閲読率、含有率
部数の多い雑誌でも、目標とするターゲットだけが読んでいるとは限りません。広告に接触してほしい人たちがどのぐらいその雑誌を読んでいるか、雑誌の閲読者全体において、ターゲットとなる閲読者の占める割合がどれくらいかを把握します。

2. 購読率
雑誌を自ら購入して読んだ人の割合。購読者は立ち読み読者よりも、雑誌に対するロイヤルティは高いと考えられます。

3. 回読人数
1冊の雑誌を複数の人が読む、まわし読みは、雑誌の特徴のひとつです。雑誌1冊を平均して何人の人が閲読するかを調べると、少部数でも閲読率が高いケースもあります。

4. デジタル、イベント施策でのプランニング指標
インプレッション、クリック数、エンゲージメント率、拡散率(NPSなど)の指標を

個別に設定します。

M-VALUEの調査

「M-VALUE」は各出版社からの雑誌エントリーと、日本雑誌協会、日本雑誌広告協会、広告会社、およびビデオリサーチの出資による共同調査です。業界共通で利用できる雑誌の広告効果の客観的な基準値を整備、蓄積する目的で行われており、以下を主な指標として調査を行っています。

1. 雑誌閲読者ベースの指標

広告接触率

広告が掲載された雑誌を読んだ人の中で、ある広告を「確かに見た」＋「見たような気がする」と答えた人の割合。

広告注目率

広告が掲載された雑誌を読んだ人の中で、ある広告を「確かに見た」と答えた人の割合。

広告精読率

広告が掲載された雑誌を読んだ人の中で、ある広告を「確かに見た」＆「内容までじっくり読んだ／じっくり見た」人の割合。詳しく見た人がどれくらいかが分かります。

興味関心度

広告が掲載された雑誌を読んだ人の中で、広告対象に「とても興味を持った」＋「やや興味を持った」人の割合。

広告商品の理解度／信頼度／好感度

広告が掲載された雑誌を読んだ人の中で、広告対象を「とても理解できた」＋「やや理解できた」／「とても信頼感を持った」＋「やや信頼感を持った」／「とても好感を持った」＋「やや好感を持った」人の割合。

広告好意度

広告が掲載された雑誌を読んだ人の中で、広告クリエイティブ／記事表現が「とても好き」＋「やや好き」と答えた人の割合。

購入・利用意向度

広告が掲載された雑誌を読んだ人の中で、広告対象を「とても購入・利用してみたい」＋「やや購入・利用してみたい」人の割合。

2. 広告注目者ベースの指標

精読者比率

広告を「確かに見た」人の中で、広告を「確かに見た」＆「内容まで読んだ／じっくり見た」人の割合。

興味関心度

広告を「確かに見た」人の中で、広告対象に「とても興味を持った」＋「やや興味を持った」人の割合。

広告商品理解度／信頼度／好感度

広告を「確かに見た」人の中で、広告対象を「とても理解できた」＋「やや理解できた」／「とても信頼感を持った」＋「やや信頼感を持った」／「とても好感を持った」＋「やや好感を持った」人の割合。

広告好意度

広告を「確かに見た」と答えた人のうち、広告クリエイティブ／記事表現が「とても好き」＋「やや好き」と答えた人の割合。

購入・利用意向度

広告を「確かに見た」人の中で、広告対象を「とても購入・利用してみたい」＋「やや購入・利用してみたい」人の割合。

パブリシティ枠を依頼されたときの対応

パブリシティとは、企業が編集部へニュース素材を提供して取り上げてもらうことを指します。掲載は編集部の自由裁量に任されるため、掲載の保証はありません。

1. パブリシティ掲載の依頼文書
2. 商品やサービスを紹介したニュースリリースやパンフレット
3. 商品の写真・データ

を準備しておくと、スムーズに検討してもらえるでしょう。

用語集

雑誌広告を扱う上で知っておきたい用語を、五十音順で紹介します。

あ行

アカ／赤字
修正指示の呼称。校正刷りの修正ポイントを赤色で記す習慣から、修正ポイントを『アカ』『赤字』と呼ぶ。

色校
色校正または色校正紙の略称。色の指示をする場合は、色校正紙に直接赤字を書き込むのが一般的である。

色指定
色使いを色番号や濃度で指定すること。色見本を添付することもある。

オープンセールス
広告会社が同一スペースを複数の広告主に対して提示し、決定優先（早い者勝ち）で販売する形態。

オフセット印刷
平らな版上に親油性の画線部と親水性の非画線部とがあり、版に水をつけた後にインキをつけ、これを一度ブランケット胴に転写（オフ）して、さらに紙に転写（セット）する印刷方式。

オンライン送稿
雑誌広告基準カラー（JMPAカラー）により制作された雑誌広告のPDFデータを印刷可能な状態かを確認し、CD-R等の記録メディアではなく専用回線を用いてデータ入稿を行うこと。出版社からの色校正の出校は原則行わない。

か行

カスタム・パブリッシング
特定企業や個人の特別注文に応じた出版物を指す。例としては、周年事業に関連して、社史を編纂したり、業績をうたったものなどがある。企業広報活動の一環として行われる。雑誌においては、広告主(広告色)をあまり出さず、雑誌のブランド色をうまく利用したものや、定期刊行物の増刊・別冊扱いで発行されることが多い。

活版印刷
凸版を用いた印刷のこと。

観音折り
ページの両端を内側に折り込み、さらに2つに折る加工法。

記事広告(記事体広告)
広告主または広告会社が制作する、記事のように文字で読ませるタイプの原稿。出版社による原稿審査をするケースが多く、「PR」などの表記を付加する。

クーポン広告
広告ビジュアル上にクーポンが刷り込んであり、その部分を読者が切り取ることで見本や資料の請求券・割引券などとして使える広告のこと。クーポンについては法規制があり、注意が必要である。

グラビア印刷
版の凹んだところにインキを詰め、これを紙に圧着して印刷する。インキの量で濃淡を表すので、写真原稿の調子を再現しやすい。

ゲラ
印刷物の校正をするための試し刷り。校正刷り。

校了
校正刷りをチェックして色および文字の修正がなくなった状態。直しがなく印刷に入れる状態。校正終了のこと。

さ行
再校
初校で入った修正を直した2回目の校正刷り。

在版／在版流用
以前に使用した広告原稿を再び使うこと。

初校
最初に出す校正刷りのこと。2回目が再校、3回目が三校というように続くこともある。

責了
「責任校了」の略。校正刷りに修正の指示をした後、それ以降は印刷所の責任において校正を完了させ、再度校正を出す必要がない場合に「責了」とする。校正が完全に終了した場合は「校了」という。

た行
台割
編集記事および広告がどのページに入るかの割り振り。

断ち落とし
印刷物の仕上がり寸法いっぱいまでレイアウトすること。

DDCP
ダイレクト・デジタル・カラー・プルーフ（プルーフィング）。デジタルデータからダイレクトに出力するシステムで、印刷機による校正刷りのように刷版作成を必要としない。雑誌広告基準カラー（JMPAカラー）に準拠したDDCPの出力物によっ

て各関係者がスムーズに色調を確認できる。

特殊広告
純広告に特殊な加工を施した広告原稿のこと。

トリミング
全体のレイアウトの中で写真が最も美しく効果的に見えるように、余分な周りの空間をカットすること。写真の使いたい部分を指定して整えること。

トンボ
断裁や製本、2色以上の多色印刷物の色合わせを正確にするために、各版に付ける目印。

な行
中綴じ
折りを開いた状態で重ねて表紙ごと針金で綴じる製本方法。

入稿
出版社（印刷会社）に原稿を渡すこと。

抜き刷り
特定のページを抜き出し印刷したもの。販促活動等で広告主が利用することも多い。

念校
責了後、確認のために出す校正刷りのこと。原則的に直しはできない。

ノンブル
頁数を示す数字。通常、各ページの下のすみに入れる。

は行

判型

雑誌の型（寸法）を表す呼称。A5判、B5判、A4変形判など。

版ズレ

2色以上の色を使って印刷物を作成したとき、それぞれの版がずれて印刷されていることを指す。輪郭がぼやけたり、文字がブレたりする。

平綴じ

印刷の折りを重ねて針金や糸で綴じ、その上に表紙をかぶせる製本方法。

本機校正

実際の印刷に使う本機で刷られた校正紙。広告主の確認用として特別に刷る場合がある。

ま行

前付け

雑誌の総ページ数の半分よりも前半部分に掲載されること。

無線綴じ

背の部分に接着剤を塗布し、表紙で包む製本方法。

や行

余丁

製本終了後に出る余分の刷りのこと。

参考文献

- 電通 研修資料（「聞くに聞けない雑誌のシゴト」「出版社・雑誌の現状・未来」「『まず』知っておくべき『基礎のキ』」「メディアプランニングについて」
- 「雑誌デジ送ナビ」雑誌広告デジタル送稿推進協議会（日本広告業協会、日本雑誌協会、日本雑誌広告協会）

本書の制作にあたって

本書は、雑誌メディアのますますの発展に寄与することを目指し、発行しております。制作にあたり、企画の立ち上げから携わっていただきました、今泉睦さん、中村一喜さん、大澤裕保さん、加藤さほ里さん、増田みずきさん、阿部佳介さんをはじめ、取材のご協力や資料のご提供などをいただきました皆様に、心より御礼申し上げます。

文化の発展を支え続ける、雑誌だからこそ伝えられることがある

雑誌は、ジャンルが実に多様です。しかも、それぞれの雑誌ごとに読者ターゲットが設定され、洗練された情報を読者に寄り添って発信しています。そんな雑誌は、ときにブームを生み出しながら、文化の発展に貢献してきました。また広告主にとって雑誌は、適切な文脈でブランドや商品の特徴を伝えることができる、コミュニケーションの場でもあります。

デジタルシフトによって、雑誌の形態や読まれ方は変わりつつありますが、時代を超えてもなお、雑誌の多様性や、読者と向き合いながらコンテンツをつくる姿勢は健在。読者の心に深く刺さるコンテンツを生み出してきた、雑誌の作り手だからこそ、伝えらえることがあるはずです。

私たち日本雑誌協会は、日本の雑誌出版社のほとんどが加盟する、雑誌の作り手集団として、出版文化の向上を支える活動をしてきました。

昨今では、雑誌の新たな販売機会の創出に向け、出版営業に従事する若手メンバーを中心に「次世代雑誌販売戦略会議」を発足し、全国各地の書店員と意見交換を重ねながら、雑誌のプロモーション施策を検討、実施しています。雑誌の販売部数や書店数の減少に歯止めがかからない状況下においても、雑誌の売上を伸ばしている書店はあります。2019年には、販売現場へのアンケートをもとに、雑誌販売のノウハウをまとめた冊子「これで雑誌が売れる!!」を10年ぶりに改訂し、全国書店に配布いたしました。

今後、成長が見込まれるデジタル分野に関しては、「デジタル委員会」が、海外や他業種の成功事例などを研究しながら情報交換や勉強会を行っています。また、編集力のスキルアップを目指す「編集者ゼミ」を開講し、デジタル編集、デザイン編集などテーマごとのゼミナールを行っています。これからも、関連団体との連携、交渉を行いながら、新たな雑誌の可能性に挑んで参ります。

雑誌の広告事例や、作り手のインタビューが詰まった本書が、皆様にとって、雑誌の価値を再認識するきっかけとなり、雑誌文化のさらなる発展に寄与することを願っています。

日本雑誌協会

雑誌と雑誌広告に変化の兆し。今こそ底力を見せる時だ！

　新雑誌が次々創刊されたバブル期は、雑誌広告も絶好調。これ以上広告が入らない、という嬉しい悲鳴が上がることも度々でした。翻っていま紙の雑誌は厳しい局面を迎えています。軒並み部数を落とし、書店数は20年前のほぼ半数に激減。雑誌広告収入も苦戦を強いられています。しかし近年は、いくつかの出版社でデジタル広告の売上が広告収入の半分近くに増え、デジタルシフトが進んでいます。電通が発表したマス4媒体由来のデジタル広告費の中でも、雑誌デジタルは大きく伸長。紙とデジタルは対立軸で語られがちですが、実は親和性が高いのです。これからの雑誌広告は、そこを上手に攻めることが成功のカギになります。

　出版社と広告会社が加盟する日本雑誌広告協会は、600人を超える会員一人ひとりが雑誌を愛し、雑誌広告に親しみを持って活動しています。雑誌広告の効果測定調査「M-VALUE」や、日本雑誌広告賞を毎年実施、昭和33年から続く広告賞では、デザイン、コピー、表現力などはもちろん、最近はいかにマルチな展開をするのかも問われます。また「電子雑誌広告タスクフォース」を立ち上げ、2019年5月に取引ガイドラインの記者発表をしました。dマガジンなどの定額制読み放題サービスでは、発行部数を超えるUU数の雑誌も多くあるので、電子雑誌広告の環境を整備し、雑誌のパワーを可視化していこうと思います。

　ここ数年は、部数の低減に抗うように、雑誌広告の価値が再評価され、雑誌の存在感が増してきました。コンテンツの質の高さだけでなく、動画やSNSの活用、インフルエンサーや、EC、イベントとの連動という展開が、クライアントに認められた結果とも言えます。付録や人気アイドルの特集などで単発的に売れる雑誌もありますが、雑誌の真の実力は部数だけでは測れません。雑誌の価値や魅力を再認識してもらうために新しいビジネスモデルを構築し、収益構造の体質改善に取り組む出版社と広告会社には、明るい未来が待っている。現にいくつかの出版社では、その変化の兆しが見え始めています。雑誌と雑誌広告には底力がある。雑誌の変化を間近で見ながら、そう確信しています。

日本雑誌広告協会

宣伝会議 の書籍

高崎卓馬のクリエイティブ・クリニック
高崎卓馬 著

面白くならない企画はひとつもない

時代の急激な変化に対応できず、何が面白いものなのかわからなくなってしまったクリエイターたちが増加。実際のクリエイター、宣伝担当者たちの企画を、丁寧に診察し、適切な処方箋をつくり、治療していくまさにクリエイティブのクリニック。

■本体1800円+税　ISBN 978-4-88335-457-3

なぜ「戦略」で差がつくのか。
音部大輔 著

P&G、ユニリーバ、資生堂などでマーケティング部門を指揮・育成してきた著者が、無意味に多用されがちな「戦略」という言葉を定義づけ、実践的な〈思考の道具〉として使えるようまとめた一冊。

■本体1800円+税　ISBN 978-4-88335-398-9

【宣伝会議マーケティング選書】
デジタルで変わる宣伝広告の基礎
宣伝会議編集部 編

情報があふれ生活者側にその選択権が移ったいま、真の顧客視点発想が求められている。コミュニケーション手法も多様になった現代における宣伝広告の基礎をまとめた一冊。

■本体1800円+税　ISBN 978-4-88335-372-9

プロモーショナル・マーケティング ベーシック
日本プロモーショナル・マーケティング協会 編

デジタル・テクノロジーの普及により大きく変化している生活者の購買行動に対応。現代のプロモーションメソッドを体系立てて学ぶために最適な一冊となっている。プロモーショナルマーケター認証資格試験【公式テキスト】

■本体2700円+税　ISBN 978-4-88335-471-9

詳しい内容についてはホームページをご覧ください　www.sendenkaigi.com

宣伝会議 の書籍

広告制作料金基準表
アド・メニュー
宣伝会議書籍編集部 編

広告制作に関する基準価格の確立を目指し、1974年に創刊。独自調査に基づいた最新の料金ほか、各種団体の基準料金、見積などの基準料金を収録。広告の受発注に関わるすべての方、必携の一冊。

■本体9500円+税

広告・マーケティング会社年鑑
宣伝会議書籍編集部 編

『日本の広告会社』と『デジタルマーケティング年鑑』の2冊を統合した、マーケティング・コミュニケーションの総合年鑑。広告主企業のプロモーション成功事例、サービス・ツール、関連企業情報、各種データを収録。

■本体15000円+税

広告ビジネスに関わる人の メディアガイド
博報堂DYメディアパートナーズ 編

博報堂DYグループで長く使われている、広告ビジネスに携わる全ての人のためのデータブック。2019年版は、メディア環境研究所所長のインタビューを収録。メディア選定や企画書作成に役立つ、「今すぐ使える」一冊。

■本体2500円+税

マスコミ電話帳
宣伝会議書籍編集部 編

仕事に役立つ最新連絡先をジャンル別に掲載。広告、芸能など各界の著名人や専門家から、メディア、企業、団体、施設まで、広告マスコミ関連を中心に収録。全ての人の「知りたい」「調べたい」に応える必携データバンク。

■本体1852円+税

詳しい内容についてはホームページをご覧ください www.sendenkaigi.com

雑誌広告2.0

2019年9月5日　初版

編者　　株式会社宣伝会議 書籍部
発行者　東 彦弥
発行所　株式会社宣伝会議
　　　　〒107-8550 東京都港区南青山3-11-13
　　　　電話　03-3475-3010(代表)
　　　　https://www.sendenkaigi.com

[協　　力]　　　日本雑誌協会
　　　　　　　　　日本雑誌広告協会

[資料提供・編集協力]　電通
　　　　　　　　　博報堂DYメディアパートナーズ
　　　　　　　　　ADKマーケティング・ソリューションズ

[装丁・本文デザイン]　野村義彦(LILAC)

[印　刷・製　本]　図書印刷

©SENDENKAIGI 2019
ISBN 978-4-88335-473-3
無断転載禁止。乱丁・落丁本はお取替えいたします。
Printed in JAPAN